España
El Principito

어린왕자

한국외국어대학교 | 유연창 편역

Samyoung Publishing House

Creo que, para su evasión, aprovechó una migración de pájaros silvestres.

나는 어린 왕자가 철새들의 이동을 이용하여 그의 별을 탈출했을 것이라고 생각한다. (본문 중에서)

El Principito
con ilustraciones del autor

머리말

　스페인어는 이베리아 반도에서 사용되는 이베로로망스어에 속하는 언어이며, 영어 다음으로 가장 많은 나라에서 사용되는 언어로서 스페인과 중남미 20여 개국의 국어일 뿐만 아니라 아프리카의 옛 식민지와 필리핀 등지에서도 사용되는 중요한 언어입니다. 또한 국제 연합의 5개 공용어의 하나로도 지정되어 있습니다. 우리나라에서는 아직 스페인어의 중요성에 대한 인식이 부족한 상황입니다. 그러나 스페인과 중남미 대륙과 우리나라와의 관계를 전망해 볼 때 스페인어의 중요성을 실감하게 될 것입니다.

　스페인어 학습 방법 중의 하나는 스페인어로 된 다양한 문헌을 많이 읽으면서 독해 능력을 키우는 것입니다. 신문이나 작품과 같이 쉽게 접할 수 있는 스페인어 문헌을 읽으면서 스페인어의 문법, 문장 구조, 어휘와 관용어 등을 학습할 수 있으며, 이것은 곧 듣고 말하기에도 큰 효과가 있습니다.

　이런 측면에서 볼 때, 삼영서관에서 앞으로 계속해서 발간할 「서한대역 시리즈」는 스페인어 학습에 많은 도움이 되리라 확신합니다. 본문의 번역은 대역이라는 점에서 직역을 위주로 하면서 적합한 우리말 표현을 사용하였습니다. 「서한대역 시리즈」는 시간이나 장소에 구애받지 않고 부담 없이 읽으면서 독해력을 증진시킴과 동시에 뛰어난 문학 작품을 접할 수 있는 기회가 될 것입니다.

작가와 작품에 대하여

생텍쥐페리

생텍쥐페리(Antoine de Saint-Exupéry, 1900. 6. 29 - 1944. 7. 31)는 1900년 프랑스 리옹의 귀족 집안에서 태어나 행복한 어린 시절을 보냈으며 청소년기에 제1차 세계 대전을 겪었다. 1920년 징병으로 공군에 입대하여 조종사 훈련을 받았다. 21세 때 조종사 자격증을 취득하고 소위에 임관되었으나 1923년 비행 사고를 내고 예편되었다. 제대 후 자동차 공장 등 여러 직종을 전전하다가, 평범한 사회의 일상 생활에서 벗어나 행동적인 인생을 개척하고자 하였다. 그래서 1926년부터 위험이 뒤따르는 초기 우편 비행 사업에 참가하였다. 제2차 세계 대전이 일어나자 군용기 조종사로 동원되었고, 대전 말기인 1944년 7월, 정찰 비행 중 행방 불명이 되었다.

최초의 본격적인 작품 (남방 우편기 Courrier Sud)(1929)에서 유작 (성채 Citadelle)(1948)에 이르는 모든 작품은 행동을 통한 명상에서 비롯된 것으로, 언제나 어려움과 역경과의 싸움에서 인간이 삶을 영위해 나가는 의의를 찾고 있다. 아르헨티나 항공에 근무하던 기간의 경험을 토대로 한 (야간 비행 Vol de Nuit)(1931)은 행동적 문학으로서 앙드레 지드의 격찬을 받았으며 페미나 상을 받았다. 그가 추구한 진정한 의미의 삶은 개개의 인간 존재가 아니라 개별적인 존재를 초월한, 즉 사람과 사람을 맺어 주는 정신적 유대에서 찾으려 했다는 데 있다. (인간의 대지 Terre des Hommes)(1939), (전시 조종사 Pilote de Guerre)(1942)에서는 이러한 그의 관점에서 인간의 관계와 동료 비행사, 그리고 임무·의무·조국 등에 관한 문제에 대하여 깊은 성찰이 이루어지고 있다. 인간의 참된 본성을 찾아 끊임없이 비행하던, 그리고 사색하던 생텍쥐페리의 글에는 사막과 비행기와 별들이 많이 등장한다. 또한 그는 간결하면서도 상징적이고 함축적인 글을 통해 언어가 내뿜는 모순과 거짓으로부터 벗어나려고도 했다.

어린 왕자 Le Petit Prince

생텍쥐페리가 제2차 세계 대전 중 미국에서 발표한 (어린 왕자)(1943)는 작가 자신이 아름다운 삽화를 넣어서 독특한 시적 세계를 이루고 있다. 비행기 엔진 고장으로 사하라 사막에 불시착한 비행사인 '나'는 이상한 소년을 만나 양을 그려 달라는 부탁을 받는다. 그 소년은 사랑하는 장미꽃을 그가 살던 별에 남겨 두고 여행길에 오른 왕자로서 몇몇 별을 여행한 후에 지구에 온 것이다. 외로운 왕자에게 한 마리의 여우가 나타나서, 본질적인 것은 눈에 보이지 않는다는 것, 또한 다른 존재를 길들여 인연을 맺어 두는 일이 중요하다는 것을 가르쳐 준다. 왕자는 이 세상에서 자기가 책임을 져야 하는 장미꽃이 존재한다는 사실에 깊은 뜻이 있음을 깨닫는다. 이 지구에 사는 사람에게도 실망한 왕자는 결국 사라지고 만다. 시적이며 고귀하고 사랑스러운 분위기 속에 삶의 지혜를 짜낸 휴머니스틱한 작품이다.

A LÉON WERTH

Pido perdón a los niños por haber dedicado este libro a una persona mayor. Tengo una seria excusa: esta persona mayor es el mejor amigo que tengo en el mundo. Pero tengo otra excusa: esta persona mayor es capaz de comprenderlo todo, incluso los libros para niños. Tengo una tercera excusa todavía: esta persona mayor vive en Francia, donde pasa hambre y frío. Tiene, por consiguiente, una gran necesidad de ser consolada. Si no fueran suficientes todas esas razones, quiero entonces dedicar este libro al niño que fue hace tiempo esta persona mayor. Todas las personas mayores antes han sido niños. (Pero pocas de ellas lo recuerdan.) Corrijo, por consiguiente, mi dedicatoria:

A LÉON WERTH
cuando era niño

레옹 베르트에게

내가 이 책을 어른에게 바친 것에 대해 어린이들에게 용서를 구합니다. 그 이유는 내가 이 세상에서 사귄 가장 훌륭한 친구가 그 사람이기 때문입니다. 또 다른 이유는 그 사람이 모든 것을 다 이해할 줄 안다는 것입니다. 어린이들을 위해 써진 책들까지도. 세 번째 이유는 그 사람이 지금 프랑스에 살고 있는데, 그 곳에서 추위와 굶주림에 지쳐 있다는 것입니다. 그 사람은 정말 위로를 필요로 하고 있습니다. 이러한 이유가 충분하지 않다면, 나는 이 책을 어린 시절의 그 사람에게 바치고 싶습니다. 어른들도 전에는 모두 어린이들이었습니다. (그러나 그것을 기억하고 있는 어른들은 별로 없습니다.) 그래서 나는 헌사를 다음과 같이 수정합니다.

어린 시절의
레옹 베르트에게

El Principito

Cuando yo tenía seis años vi en un libro sobre la selva virgen que se titulaba "Historias Vividas", una magnífica lámina. Representaba una serpiente boa que se tragaba a una fiera. Ésta es la copia del dibujo.

En el libro se afirmaba: "La serpiente boa se traga su presa entera, sin masticarla. Luego ya no puede moverse y duerme durante los seis meses que dura su digestión".

Reflexioné mucho en ese momento sobre las aventuras de la jungla y a mi vez logré trazar con un lápiz de color mi primer dibujo. Mi dibujo número 1 era de esta manera:

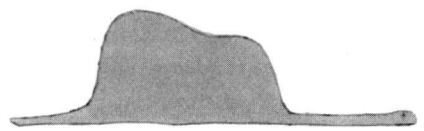

1

　내가 여섯 살이었을 때, 원시림에 대하여 쓴 '체험담'이라는 책에서 굉장한 그림을 보았다. 그것은 맹수를 삼키고 있는 한 마리의 보아뱀을 그린 그림이었다. 이것이 그 그림을 그대로 그린 것이다.

　그 책에는 "보아뱀은 먹이를 씹지 않고 통째로 삼켜 버린다. 그리고 보아뱀은 움직일 수 없게 되어 그 먹이를 소화하기 위하여 육 개월 동안 잠을 잔다"라고 적혀 있었다.

　그 순간에 나는 정글의 모험에 대하여 곰곰이 생각했다. 그리고는 색연필을 갖고 나의 첫 번째 그림을 그렸다. 나의 그림 제 1 호는 이렇게 그려졌다.

- **selva virgen** 원시림
- **magnífico** 뛰어난, 훌륭한
- **lámina** 삽화, 사진판
- **serpiente boa** 왕뱀, 보아뱀
- **tragar** 삼키다, 받아들이다
- **masticar** 깨물다
- **digestión** 소화
- **lápiz de color** 색연필

Enseñé mi obra de arte a las personas mayores y les pregunté si mi dibujo les daba miedo.

—¿Por qué habría de asustar un sombrero? — me respondieron.

Mi dibujo no representaba un sombrero. Representaba una serpiente boa que digiere un elefante. Dibujé entonces el interior de la serpiente boa a fin de que las personas mayores pudieran comprender. Siempre estas personas tienen necesidad de explicaciones. Mi dibujo número 2 era así:

Las personas mayores me aconsejaron abandonar el dibujo de serpientes boas, ya fueran abiertas o cerradas, y poner más interés en la geografía, la historia, el cálculo y la gramática. De esta manera a la edad de seis años abandoné una magnífica carrera de pintor. Había quedado desilusionado por el fracaso de mis dibujos número 1 y número 2. Las personas mayores nunca pueden comprender nada por sí solas y es muy aburrido para los niños tener que darles siempre y siempre explicaciones.

나는 나의 걸작을 어른들에게 보여 주며, 내 그림이 무섭지 않느냐고 물었다.

그러자 어른들은 "모자가 왜 무섭지?"라고 대답하였다.

나의 그림은 모자를 그린 것이 아니었다. 코끼리를 소화해 내고 있는 보아뱀을 그린 것이었다. 그래서 나는 어른들이 이해할 수 있도록 보아뱀의 뱃속을 그렸다. 어른들은 항상 설명을 필요로 한다. 나의 그림 제 2호는 이런 것이었다.

어른들은 나에게 속이 보이든지 보이지 않든지 하는 보아뱀을 그리는 것을 그만두고 지리, 역사, 수학, 그리고 문법이나 더 열심히 공부하라고 충고해 주었다. 그래서 내 나이 여섯 살 때, 화가로서의 위대한 길을 포기하였던 것이다. 나의 그림 제 1 호와 제 2 호의 실패로 인하여 나는 낙담해 있었다. 어른들은 스스로는 아무것도 이해하지 못하고, 그럴 때마다 항상 설명해 주어야 한다는 것이 어린이들에게는 매우 따분한 일이다.

- **enseñar** 보여 주다, 가르치다
- **miedo** 무서움, 불안
- **digerir** 소화하다
- **aconsejar** 충고하다
- **abandonar** 포기하다
- **cálculo** 계산
- **carrera de pintor** 화가의 길
- **desilusionado** 실망한, 낙담한
- **fracaso** 실패, 재앙
- **aburrido** 따분한, 지루한

Tuve, pues, que elegir otro oficio y aprendí pilotear aviones. He volado un poco por todo el mundo y la geografía, en efecto, me ha servido de mucho; al primer vistazo podía distinguir perfectamente la China de Arizona. Esto es muy útil, sobre todo si se pierde uno durante la noche.

A lo largo de mi vida he tenido multitud de contactos con multitud de gente seria. Viví mucho con personas mayores y las he conocido muy de cerca; pero esto no ha mejorado demasiado mi opinión sobre ellas.

Cuando me he encontrado con alguien que me parecía un poco lúcido, lo he sometido a la experiencia de mi dibujo número 1 que he conservado siempre. Quería saber si verdaderamente era un ser comprensivo. E invariablemente me contestaban siempre: "Es un sombrero". Me abstenía de hablarles de la serpiente boa, de la selva virgen y de las estrellas. Poniéndome a su altura, les hablaba del bridge, del golf, de política y de corbatas. Y mi interlocutor se quedaba muy contento de conocer a un hombre tan razonable.

그래서 난 다른 직업을 택해야 했기에, 비행기 조종술을 배웠다. 나는 전 세계를 조금씩 비행했다. 지리학은 실제로 나에게 큰 도움이 되었다. 나는 한 눈에 중국과 애리조나를 완전하게 구별할 수 있었다. 특히 밤에 길을 잃게 되면 이런 지식은 매우 유용하다.

이렇게 살아가는 동안 나는 중대한 일을 하는 어른들을 많이 만나 보았다. 나는 어른들과 함께 많은 시간을 보냈으며, 매우 가까이에서 어른들을 보아 왔다. 그러나 어른들에 대한 내 생각이 크게 나아지지는 않았다.

나는 좀 똑똑해 보이는 사람을 만났을 때, 내가 항상 간직하고 있었던 나의 그림 1호를 그에게 보여 주며 실험을 했다. 그 사람이 정말로 이해력이 있는 사람인지 알고 싶었던 것이다. 그러면 사람들은 항상 변함 없이 이렇게 대답했다. "그것은 모자로군요." 그래서 나는 사람들에게 보아뱀, 원시림, 그리고 별에 대해서도 말하지 않았다. 나 자신을 그들의 수준에 맞추어 브리지 게임, 골프, 정치, 그리고 넥타이에 대하여 말하곤 했다. 그러면 나의 이야기 상대는 분별 있는 사람을 만났다고 하면서 매우 반가워했다.

- **oficio** 직업, 일
- **pilotear aviones** 비행기를 조종하다
  cf. piloto 조종사
- **servir de** …로서 도움이 되다
- **al primer vistazo** 첫눈에
- **lúcido** 찬란한, 명쾌한
- **abstenerse de** …하는 것을 삼가다
- **interlocutor** 이야기 상대, 대화자
- **razonable** 합리적인, 지당한

2

Viví así, solo, sin nadie con quien poder hablar verdaderamente, hasta cuando hace seis años tuve una avería en el desierto de Sahara. Algo se había estropeado en el motor. Como no llevaba conmigo ni mecánico ni pasajero alguno, me dispuse a realizar, yo solo, una reparación difícil. Era para mí una cuestión de vida o muerte, pues apenas tenía agua de beber para ocho días.

La primera noche me dormí sobre la arena, a mil millas de distancia del lugar habitado más próximo. Estaba más aislado que un náufrago en una balsa en medio del océano. Imaginaos, pues, mi sorpresa cuando al amanecer me despertó una extraña vocecita que decía:

— ¡Por favor… píntame un cordero!
— ¿Eh?
— ¡Píntame un cordero!

Me puse en pie de un salto como herido por el rayo. Me froté los ojos. Miré a mi alrededor. Vi a un extraordinario muchachito que me miraba gravemente. He aquí el mejor retrato que más tarde logré hacer de él, aunque mi dibujo, ciertamente es menos encantador que el modelo. Pero no es mía la culpa. Las personas mayores me desanimaron de mi carrera de pintor a la edad de seis años y no había aprendido a dibujar otra cosa que boas

2

그래서 나는 육 년 전 사하라 사막에서 비행기 사고가 났을 때까지, 진정한 대화를 나눌 수 있는 어떤 사람도 없이 혼자 지냈다. 비행기 엔진에서 무엇인가 고장이 났었다. 그런데 나는 정비사도 승객도 동반하지 않았기 때문에, 나 혼자 어려운 수리를 해야만 했다. 나에게 있어서는 생사가 걸린 문제였으며, 겨우 8일 정도 마실 수 있는 양의 식수를 갖고 있었다.

첫날 밤은 사람들이 살고 있는 가장 가까운 곳으로부터 천 마일이나 떨어진 사막에서 잠을 잤다. 망망 대해의 한가운데 뗏목을 타고 있는 조난자보다도 더 고독했다. 해가 뜰 무렵, 내가 이상한 작은 목소리에 잠에서 깨었을 때, 나의 놀람을 상상할 수 있을 것이다. 그 목소리가 나에게 이렇게 말했다.

"저… 양 한 마리만 그려 주세요!"
"뭐라고?"
"양 한 마리만 그려 줘요!"

나는 마치 벼락을 맞은 것처럼 깜짝 놀라 벌떡 일어났다. 나는 눈을 비벼 뜨고 내 주위를 돌아보았다. 나는 나를 유심히 바라보고 있는 이상한 작은 소년을 보았다. 여기 있는 그림은 비록 실물보다는 확실히 못하지만, 내가 나중에 그린 것 중에서 가장 잘 그린 초상화이다. 그러나 그것은 나의 잘못이 아

- **avería** 고장, 파손
- **desierto** 사막
- **estropeado** 고장 난
- **mecánico** 기사, 정비사
- **pasajero** 여객, 승객
- **disponerse a** *inf.* …하고자 하다
- **custión de vida o muerte** 생사의 문제
- **habitar** (…예) 살다
- **náufrago** 조난자
- **imaginarse** 상상하다
- **al amanecer** 동틀녘에
- **vocecita** voz(소리)의 축소형
- **frotarse** 비비다, 문지르다
- **extraordinario** 이상한, 드문
- **muchachito** muchacho의 축소형
- **retrato** 초상화, 묘사
- **más tarde** 나중에

He aquí el mejor retrato que, más tarde, logré hacer de él.

cerradas y boas abiertas.

　Miré, pues, aquella aparición con los ojos redondos de admiración. No hay que olvidar que me encontraba a mil millas de distancia del lugar habitado más próximo. Y ahora bien, el muchachito no me parecía ni perdido, ni muerto de cansancio, de hambre, de sed o de miedo. No tenía en absoluto la apariencia de un niño perdido en el desierto, a mil millas de distancia del lugar habitado más próximo. Cuando logré, por fin, articular palabra, le dije:

니다. 어른들은 내가 여섯 살 때 화가로서 대성할 수 있는 길을 막아 버려서 나는 보아뱀의 뱃속과 겉모양을 그린 것 이외에는 어떤 것도 그려 보지 못했기 때문이다.

　나는 깜짝 놀라 눈을 동그랗게 뜨고 갑자기 나타난 소년을 바라보았다. 다시 말하지만, 나는 가장 가까이 사람들이 사는 곳에서 천 마일이나 떨어진 곳에 있었다. 그런데 그 소년은 길을 잃고 방황하는 것 같지도 않았고, 추위와 배고픔에 지쳐 있거나, 갈증을 느끼거나 두려움에 떨고 있는 것 같지도 않았다. 아무리 보아도 사람이 사는 곳에서 천 마일이나 떨어져 있는 사막의 한복판에서 길을 잃고 방황하는 아이의 모습이 전혀 아니었다. 마침내 나는 말문을 열어, 그 아이에게 말했다.

- **aparición** 출현, 유령
- **redondo** 둥근, 원형의
- **cansancio** 피곤, 피로
- **apariencia** 외견, 기색
- **articular** 발음하다

— Pero··· ¿qué haces tú por aquí?

Y él respondió entonces, suavemente, como algo muy importante:

— ¡Por favor··· píntame un cordero!

Cuando el misterio es demasiado impresionante, es imposible desobedecer. Por absurdo que aquello me pareciera, a mil millas de distancia de todo lugar habitado y en peligro de muerte, saqué de mi bolsillo una hoja de papel y una pluma fuente. Recordé que yo había estudiado especialmente geografía, historia, cálculo y gramática y le dije al muchachito que no sabía dibujar. Y me respondió.

— No importa, píntame un cordero.

Como nunca había dibujado un cordero, rehíce para él uno de los dos únicos dibujos que yo era capaz de realizar: el de la serpiente boa cerrada. Y quedé estupefacto cuando oí decir al hombrecito:

— ¡No, no! Yo no quiero un elefante en una serpiente. La serpiente es muy peligrosa y el elefante ocupa mucho sitio. En mi tierra es todo muy pequeño. Necesito un cordero. Píntame un cordero.

Dibujé un cordero. Lo miró atentamente y dijo:

"그런데… 너는 여기서 뭘 하고 있는 거니?"

그러자 그 아이는 매우 중요한 것을 말하듯이 매우 부드럽게 대답했다.

"저… 양 한 마리만 그려 주세요."

너무나 신기한 일을 당하면 누구나 거기에 순응하기 마련이다. 사람들이 사는 곳으로부터 천 마일이나 떨어진 곳에서, 그리고 언제 죽을지도 모르는 곳에서 (그림을 그린다는 것이) 엉뚱한 짓이라고 생각했지만, 나는 주머니에서 종이 한 장과 만년필을 꺼냈다. 그 때 내가 특별히 지리, 역사, 수학, 문법만을 공부했었다는 기억이 났다. 그래서 나는 그 아이에게 그림을 그릴 줄을 모른다고 말했다. 그러자 그 아이는 이렇게 대답했다.

"그건 상관없어요. 양의 그림을 그려 주세요."

나는 양의 그림을 그려 본 적이 없었기 때문에, 내가 그렸던 유일한 두 가지 그림 중의 하나인 보아뱀의 겉모습을 그에게 그려 주었다. 그러자 그 아이가 다음과 같이 말하는 것을 듣고 나는 깜짝 놀랐다.

"아니에요! 이게 아니에요! 나는 뱀의 뱃속에 들어 있는 코끼리의 그림을 원하는 것이 아니에요. 뱀은 매우 위험하고 코끼리는 자리를 많이 차지해요. 내가 사는 곳에서는 모든 것이 매우 작아요. 나는 양이 필요해요. 양을 그려 주세요."

나는 그림을 그렸다. 그 아이는 그림을 자세히 바라보더니 이렇게 말했다.

- **impresionante** 인상적인, 감동적인
- **desobedecer** 불복종하다
- **pluma fuente** 만년필
- **capaz de** …할 수 있는
- **estupefacto** 망연자실한, 넋을 잃은
- **hombrecito** hombre의 축소형

—¡No! Éste está ya muy enfermo. Haz otro.

Volví a dibujar. Mi amigo sonrió dulcemente, con indulgencia.

—¿Ves? Esto no es un cordero, es un carnero. Tiene cuernos···

Rehíce nuevamente mi dibujo: fue rechazado igual que los anteriores.

—Éste es demasiado viejo. Quiero un cordero que viva mucho tiempo.

Falto ya de paciencia y deseoso de comenzar a desmontar el motor, garrapateé rápidamente este dibujo, se lo enseñé, y le agregué:

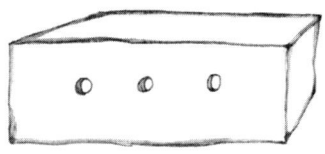

—Esta es la caja. El cordero que quieres está adentro.

Con gran sorpresa mía el rostro de mi joven juez se iluminó:

—¡Así es como yo lo quería! ¿Crees que sea necesario mucha hierba para este cordero?
—¿Por qué?
—Porque en mi tierra es todo tan pequeño···

"아니에요! 이건 큰 병에 걸린 양이에요. 다른 양을 그려 주세요!"

그래서 나는 다시 그렸다. 나의 친구는 관용을 베풀기나 하듯이 다정하게 웃었다.

"이것 보세요. 이것은 양이 아니에요. 이것은 숫양이에요. 뿔이 달려 있잖아요."

그래서 나는 또다시 그림을 그렸다. 그러나 먼저 그린 그림과 마찬가지로 아이의 마음에 들지 않았다.

"이것은 너무 늙었어요. 나는 오래 살 수 있는 양을 원해요."

그러자 나는 더 이상 참을 수가 없었고, 비행기 엔진을 분해해야 했기 때문에, 그림을 아무렇게나 대충 그려 그에게 보여 주며 덧붙여 말했다.

"이것은 상자야. 내가 원하는 양이 상자 안에 들어 있지."

나의 어린 재판관의 얼굴의 밝은 기색을 보고 나는 매우 놀랐다.

"이것이 바로 내가 원하던 것이에요! 이 양에게 풀이 많이 필요한가요?"
"그건 왜 묻지?"
"제가 사는 곳에는 모든 것이 매우 작거든요."

- **sonreír** 미소짓다
- **cuerno** 뿔
- **rechazar** 거절하다
- **paciencia** 인내
- **desmontar** 분해하다
- **garrapatear** 갈겨 쓰다
- **agregar** 덧붙이다
- **rostro** 얼굴
- **hierba** 풀, 잡초

—Alcanzará seguramente. Te he regalado un cordero bien pequeño.

Se inclinó hacia el dibujo y exclamó:

—¡Bueno, no tan pequeño...! Está dormido...

Y así fue como conocí al principito.

"먹을 만큼은 있을 거야. 난 너에게 아주 작은 양을 선물했거든."

아이는 그림을 향하여 고개를 숙이더니 외쳤다.

"그렇게 작지는 않은데요… 잠이 들었어요…"

이렇게 해서 나는 어린 왕자를 알게 되었다.

3

Me costó mucho tiempo comprender de dónde venía. El principito, que me hacía muchas preguntas, jamás parecía oír las mías. Fueron palabras pronunciadas al azar, las que poco a poco me revelaron todo. Así, cuando distinguió por vez primera mi avión (no dibujaré mi avión, por tratarse de un dibujo demasiado complicado para mí) me preguntó:

— ¿Qué cosa es esa?
— Eso no es una cosa. Eso vuela. Es un avión, mi avión.

Me sentía orgulloso al decirle que volaba. Él entonces gritó:

— ¡Cómo! ¿Has caído del cielo?
— Sí — le dije modestamente.
— ¡Ah, qué curioso!

Y el principito lanzó una graciosa carcajada que me irritó mucho. Me gusta que mis desgracias se tomen en serio. Y añadió:

3

그 어린 왕자가 어디서 왔는지 알기 위해서는 오랜 시간이 걸렸다. 어린 왕자는 나에게 귀찮을 정도로 질문을 많이 했지만, 내 질문에는 귀를 기울이지 않는 것 같았다. 그리고 다만 우연히 한 마디씩 하는 그의 말로 모든 사실을 조금씩 알게 되었다. 그가 나의 비행기를 처음 보았을 때 (내게는 비행기가 너무 복잡하기 때문에 비행기를 그리지 않을 것이다) 나에게 이렇게 물었다.

"이것은 어떤 물건인가요?"
"이건 물건이 아니야. 날아다니는 거야. 비행기라는 것이지. 나의 비행기야."

나는 그에게 하늘을 날 수 있다는 것을 말해 주면서 자랑스럽게 느꼈다. 그러자 그는 이렇게 외쳤다.

"뭐라고요? 그럼 하늘에서 떨어졌어요?"
"그래." 나는 겸손하게 대답했다.
"우와! 재미있는데요!"

어린 왕자가 귀엽게 깔깔 웃었기 때문에 나는 기분이 몹시 나빴다. 나는 그가 나의 불행을 진지하게 받아 주기를 바랬던 것이다. 그리고 나서 어린 왕자는 또 이렇게 말했다.

- **hacer pregunta** 질문을 하다
- **al azar** (일이) 되어 가는 대로
- **revelar** 밝히다, 나타내다
- **carcajada** 너털웃음, 폭소
- **irritar** 화나게 하다
- **desgracia** 불행, 재난
- **en serio** 진지하게

—Entonces ¿tú también vienes del cielo? ¿De qué planeta eres tú?

Divisé una luz en el misterio de su presencia y le pregunté bruscamente:

—¿Tú vienes, pues, de otro planeta?

Pero no me respondió; movía lentamente la cabeza mirando detenidamente mi avión.

—Es cierto, que, encima de eso, no puedes venir de muy lejos···

Y se hundió en un ensueño durante largo tiempo. Luego sacando de su bolsillo mi cordero se abismó en la contemplación de su tesoro.

Imaginaos cómo me intrigó esta semiconfidencia sobre los otros planetas. Me esforcé, pues, en saber algo más:

—¿De dónde vienes, muchachito? ¿Dónde está "tu casa"? ¿Dónde quieres llevarte mi cordero?

"그럼 당신도 하늘에서 왔군요! 어느 별에서 왔어요?"

나는 신비에 쌓인 그의 정체에 대한 한 줄기의 빛을 보고, 갑자기 그에게 질문했다.

"그럼 너는 다른 별에서 왔니?"

그러나 그는 대답을 하지 않았다. 그는 비행기를 계속 바라보면서 천천히 머리를 움직였다.

"이것을 타고 왔다면 그리 멀리서 온 것은 아니겠군요."

그리고 그는 오랫동안 공상에 잠겼다. 그리고 나서 주머니에서 내가 그린 양의 그림을 꺼내어 매우 소중한 것을 보듯이 열심히 보았다.

'다른 별'에 대한 반신반의하는 생각이 나에게 호기심을 얼마나 불러일으켰는지 상상할 수 있을 것이다. 나는 좀더 자세히 알려고 노력했다.

"애야, 너는 어디서 왔니? '너의 집'은 어디지? 내가 그려 준 양을 어디로 데려가려는 거지?"

- **divisar** 멀리에 보이다, 눈에 띄다
- **bruscamente** 갑자기
- **detenidamente** 신중하게
- **hundirse** 가라앉다
- **abismarse** 생각에 잠기다
- **esforzarse** 노력하다

Después de meditar silenciosamente me respondió:

—Lo bueno de la caja que me has dado es que por la noche le servirá de casa.
—Sin duda. Y si eres bueno te daré también una cuerda y una estaca para atarlo durante el día.

Esta proposición pareció chocar al principito.

—¿Atarlo? ¡Qué idea más rara!
—Si no lo atas, se irá a cualquier parte y se perderá···

Mi amigo soltó una nueva carcajada.

—¿Y adónde quieres que vaya?
—No sé, a cualquier parte. Derecho camino adelante···

Entonces el principito señaló con gravedad:

—¿No importa, es tan pequeña mi tierra!

Y agregó, quizás, con un poco de melancolía:

—Derecho, camino adelante··· no se puede ir muy lejos.

그는 조용히 생각에 잠기더니 나에게 이렇게 대답했다.

"당신이 그려 준 상자가 좋아요. 밤에 집으로 사용할 수 있으니까요."
"그렇구나. 네가 착하게 굴면 낮에 양을 매어 둘 수 있도록 밧줄과 말뚝을 그려 주지."

이 말에 어린 왕자는 충격을 받은 것 같았다.

"양을 매어 놓다니요? 참 이상한 생각이군요!"
"하지만 매어 놓지 않으면 아무 데나 가서 길을 잃어버릴 수도 있을 텐데."

나의 친구는 또다시 웃음을 터뜨렸다.

"그 양이 어디로 갈 거라고 생각하세요?"
"글쎄, 아무 데나. 곧바로 앞으로 갈 수 있지."

그러자 어린 왕자는 엄숙한 표정으로 말했다.

"걱정할 것 없어요. 내가 사는 곳은 매우 작으니까요!"

그리고 그는 어딘가 모르게 슬픈 듯한 표정으로 덧붙여 말했다.

"똑바로 가면… 그리 멀리 갈 수 없어요."

- **meditar** 깊이 생각하다
- **sin duda** 분명히
- **cuerda** 밧줄, 끈
- **estaca** 말뚝, 몽둥이
- **atar** 묶다, 매다
- **chocar** 충돌하다
- **soltar carcajada** 웃음을 터뜨리다
- **con gravedad** 엄숙하게
- **melancolía** 서글픔, 울적함

4.

De esta manera supe una segunda cosa muy importante: su planeta de origen era apenas más grande que una casa.

Esto no podía asombrarme mucho. Sabía muy bien que aparte de los grandes planetas como la Tierra, Júpiter, Marte, Venus, a los cuales se les ha dado nombre, existen otros centenares de ellos tan pequeños a veces, que es difícil distinguirlos aun con la ayuda del telescopio. Cuando un astrónomo descubre uno de estos planetas, le da por nombre un número. Le llama, por ejemplo, "el asteroide 3251".

Tengo poderosas razones para creer que el planeta del cual venía el principito era el asteroide B-612. Este asteroide ha sido visto sólo una vez con el telescopio en 1909, por un astrónomo turco.

4

　나는 이렇게 하여 두 번째 매우 중대한 사실을 알게 되었다. 그것은 어린 왕자의 고향인 그 별은 겨우 집채만한 크기의 작은 별이었다는 사실이었다.

　나는 그 사실에 대하여 별로 놀라지 않았다. 지구, 목성, 화성, 금성 등의 이름이 붙은 큰 별 이외에도 망원경으로도 보기 힘들 만큼 아주 작은 별들도 무수히 많이 있다는 사실을 잘 알고 있었다. 천문학자가 이런 별을 발견하면 이름 대신 번호만 붙여 준다. 예를 들면, '소행성 3251'이라고 부르는 것이다.

　나는 어린 왕자가 온 별이 B-612라고 알려진 소행성이라고 믿는데 그렇게 생각하기에 충분한 이유가 있다. 이 소행성은 터키의 천문학자에 의하여 1909년에 망원경으로 오직 한 번 관찰되었을 뿐이다.

- **asombrar** 놀라게 하다
- **centenar** 100 단위로 묶은 것
- **telescopio** 망원경
- **astrónomo** 천문학자
- **asteroide** 작은 유성, 소행성
- **poderoso** 강력한

Este astrónomo hizo una gran demostración de su descubrimiento en un congreso Internacional de Astronomía. Pero nadie le creyó a causa de su manera de vestir. Las personas mayores son  así. Felizmente para la reputación del asteroide B-612, un dictador turco impuso a su pueblo, bajo pena de muerte,

 el vestido a la europea. Entonces el astronómo volvió a dar cuenta de su descubrimiento en 1920 y como lucía un traje muy elegante, todo el mundo aceptó su demostración.

Si les he contado de todos estos detalles sobre el asteroide B-612 y hasta les he confiado su número, es por consideración a las personas mayores. A los mayores les gustan las cifras. Cuando se les habla de un nuevo amigo, jamás preguntan sobre lo esencial del mismo. Nunca se les ocurre preguntar: "¿Qué tono tiene su voz? ¿Qué juegos prefiere? ¿Le gusta coleccionar mariposas?" Pero en cambio preguntan: "¿Qué edad tiene? ¿Cuántos hermanos? ¿Cuánto pesa? ¿Cuánto gana su padre?"

이 천문학자는 국제 천문학 회의에서 자기가 발견한 별에 대하여 당당하게 증명하였다. 그러나 그의 옷차림 때문에 아무도 그의 말을 믿지 않았다. 어른들은 다 그렇다. 그러나 소행성 B-612의 명성을 위해서는 다행스럽게도 터키의 한 독재자가 그의 국민들에게 유럽식으로 옷을 입지 않으면 사형에 처하겠다고 강요하였다. 그래서 1920년에 그 천문학자는 다시 그 소행성에 대하여 증명을 했다. 그의 우아한 옷이 매우 빛났기 때문에, 모두가 그 천문학자의 논증을 인정하였다.

내가 소행성 B-612에 대하여 이렇게 자세히 얘기해 주고 번호까지 쓰는 것은 어른들을 존중하기 때문이다. 어른들은 숫자를 좋아한다. 새로 사귄 친구들에 대하여 얘기를 할 때, 어른들은 가장 중요한 것은 묻지도 않는다. "그 사람은 어떤 말투를 사용하지?" "그는 어떤 놀이를 가장 좋아하지?" "그는 나비 수집을 좋아하니?" 등과 같은 질문은 하지 않고, "그는 몇 살이지?" "형제가 몇이지?" "체중은 얼마나 나가지?" "그의 아버지는 돈을 얼마나 버시니?" 등과 같은 질문을 한다.

- **demostración** 증명, 논증
- **dictador** 독재자
- **pena de muerte** 사형
- **dar cuenta de** …을 설명하다
- **lúcido** 찬란하게 빛나는
- **por consideración a**
  …에 경의를 표하여

El pincipito sobre el asteroide B-612.

Solamente con estos detalles creen conocerle. Si les decimos a las personas mayores: "He visto una casa preciosa de ladrillo rosa, con geranios en las ventanas y palomas en el tejado", jamás llegarán a imaginarse cómo es esa casa. Es preciso decirles: "He visto una casa que vale cien mil francos". Entonces exclaman entusiasmados: "¡Oh, qué preciosa es!"

어른들은 단지 이런 세부 사항을 통하여 그가 어떤 사람인지 안다고 생각한다. 우리가 어른들에게 "장밋빛 벽돌로 지어졌고, 창문에는 제라늄 꽃이 피어 있고, 지붕에는 비둘기들이 앉아 있는 아름다운 집을 보았다"라고 말하면, 어른들은 그 집이 어떤지 상상조차 할 수 없을 것이다. 어른들에게는 "십만 프랑짜리 집을 보았다"라고 말해야 한다. 그러면 어른들은 흥분하여 "오! 정말 아름다운 집이구나!"라고 감탄하게 된다.

- **ladrillo** 벽돌
- **geranio** 제라늄꽃
- **paloma** 비둘기
- **llegar a *inf*.** …하게 되다

De tal manera, si les decimos: "La prueba de que el principito ha existido está en que era un muchachito encantador, que reía y quería un cordero. Querer un cordero es prueba de que existe", las personas mayores se encogerán de hombros y nos dirán que somos unos niños. Pero si les decimos: "el planeta de donde venía el principito era el asteroide B-612", quedarán convencidas y no se preocuparán de hacer más preguntas. Son así. No hay que guardarles rencor. Los niños deben ser muy indulgentes con las personas mayores.

Pero nosotros, que sabemos comprender la vida, nos burlamos de los números. A mí me habría gustado más comenzar esta historia a la manera de los cuentos de hadas. Me habría gustado decir:

"Era una vez un principito que habitaba un planeta apenas más grande que él y que tenía necesidad de un amigo…" Para aquellos que comprenden la vida, esto hubiera parecido más real.

Porque no me gusta que mi libro sea tomado a la ligera. Siento tanta pena al contar estos recuerdos. Hace ya seis años que mi amigo se fue con su cordero. Y si intento describirlo aquí es sólo con el fin de no olvidarlo. Es muy triste olvidar a un amigo. No todos han tenido un amigo. Y yo puedo llegar a ser como las personas mayores, que sólo se interesan por las cifras. Para evitar esto he comprado una caja de colores y de lápices.

그러므로 "어린 왕자가 존재했다는 증거는 어린 왕자가 귀여운 소년이었고, 웃었으며, 양을 찾고 있었다. 양을 갖고 싶어한다는 것은 그가 존재한다는 증거이다"라고 말한다면, 어른들은 어깨를 으쓱해 보이며 우리를 어린애로 취급할 것이다. 그러나 그들에게 "어린 왕자가 소행성 B-612에서 왔다"라고 말한다면, 그들은 납득을 하고 더 이상 아무 질문도 하지 않을 것이다. 어른들이란 다 그렇다. 그러나 어른들을 비난해서는 안 된다. 아이들은 어른들을 너그럽게 대해 주어야 한다.

그러나 인생을 이해하는 우리는 숫자 같은 것은 아랑곳하지 않는다. 나는 이 이야기를 선녀 이야기처럼 시작하고 싶었다. 나는 이렇게 이야기하고 싶었다.

"옛날 옛적에 어린 왕자가 있었다. 그 왕자는 자기보다 약간 큰 그 정도 크기의 별에 살았다. 그리고 친구를 갖고 싶어했고…"라고 이야기하면, 인생을 이해하는 사람들은 이 이야기를 더욱더 사실적으로 생각할 것이다.

나는 사람들이 이 책을 생각 없이 가볍게 읽는 것을 바라지 않는다. 나는 이런 추억을 이야기하면서 몹시 괴로워했다. 나의 친구가 양을 데리고 내 곁을 떠난 지 벌써 육 년이 되었다. 내가 어린 왕자의 이야기를 쓰고자 한다면, 그것은 그를 잊지 않기 위해서이다. 친구를 잊는다는 것은 슬픈 일이다. 누구나 다 친구를 가진 것은 아니다. 나도 숫자에만 관심을 갖는 어른들과 같은 사람이 될 수 있다. 나는 그렇게 되지 않으려고 그림물감과 연필을 샀다.

- **encogerse de hombros** (공포로, 싫어서) 어깨를 움칫하다
- **preocuparse** 열중하게 되다, 걱정하다
- **guardar rencor** 앙심을 품다
- **indulgente** 너그러운
- **burlarse de** …을 우롱하다, 조소하다
- **a la ligera** 생각 없이, 가볍게

¡Es muy duro, a mi edad, ponerse a aprender a dibujar, cuando en toda la vida no se ha hecho otra tentativa que la de una boa abierta y una boa cerrada a la edad de seis años! Ciertamente que yo trataré de hacer retratos lo más parecidos posible, pero no estoy muy seguro de lograrlo. Uno saldrá bien y otro no tiene parecido alguno. En las proporciones me equivoco también un poco. Aquí el principito es demasiado grande y allá es demasiado pequeño. Dudo también sobre el color de su traje. Entonces ensayo de una manera u otra, bien que mal. Es posible, en fin, que me equivoque sobre ciertos detalles muy importantes. Pero habrá que perdonármelo ya que mi amigo no me daba nunca muchas explicaciones. Me creía semejante a sí mismo y yo, desgraciadamente, no sé ver un cordero a través de una caja. Es posible que yo sea un poco como las personas mayores. He debido envejecer.

여섯 살 때 보아뱀의 겉모양과 뱃속을 그린 그림 이외에는 평생 동안 아무 그림도 그려 본 일이 없는 내가, 지금 이 나이에 다시 그림 공부를 시작한다는 것은 정말 힘든 일이다. 정말 나는 초상화를 가능한 한 실물과 같게 그리려고 노력할 것이다. 그러나 잘 될지는 모르겠다. 한 그림이 잘 되면 다른 그림은 비슷하지도 않게 된다. 어린 왕자의 크기에 있어서도 실수를 여러 번 했다. 이 그림에서는 어린 왕자가 너무 크고 다른 그림에서는 너무 작다. 그리고 그의 옷 색깔에 대해서도 자신이 없다. 그러나 나는 잘 되건 잘 안 되건 간에 최선을 다하여 연습을 한다. 더욱더 중요한 부분에서 실수를 할지도 모른다. 그러나 나를 이해해 주어야 한다. 왜냐하면 나의 친구는 나에게 설명을 많이 해 주지 않았기 때문이다. 나를 자기 자신과 비슷하다고 생각한 것 같다. 그러나 불행하게도 나는 상자 안에 있는 양을 어떻게 봐야 할지 모른다. 아마 나도 어른들을 조금 닮은 것 같다. 나도 나이를 먹어야 했으니까.

- **ponerse a** *inf.* ···하기 시작하다
- **tentativa** 시도, 노력
- **proporción** 크기, 비율
- **ensayar** 시도하다, 연습하다
- **a través de** ···을 통하여
- **envejecer** 늙다

Cada día yo aprendía algo nuevo sobre el planeta, sobre la partida y sobre el viaje. Esto venía suavemente al azar de las reflexiones. De esta manera tuve conocimiento al tercer día, del drama de los baobabs.

Fue también gracias al cordero y como preocupado por una profunda duda, cuando el principito me preguntó:

—¿Es verdad que los corderos se comen los arbustos?
—Sí, es cierto.
—¡Ah, qué contento estoy!

No comprendí por qué era tan importante para él que los corderos se comieran los arbustos. Pero el principito añadió:

—Entonces se comen también los baobabs.

Le hice comprender al principito que los baobabs no son arbustos, sino árboles tan grandes como iglesias y que incluso si llevase consigo todo un rebaño de elefantes, el rebaño no lograría acabar con un solo baobab.

5

나날이 나는 어린 왕자의 별에 대해서, 그리고 그 별을 떠났을 때의 일과 그의 여행에 대하여 새로운 것을 알게 되었다. 이런 사실은 어린 왕자가 깊이 생각에 잠겨 무심결에 한 말을 통하여 천천히 알게 된 일이었다. 이런 식으로 나는 사흘째 되던 날 바오밥 나무의 사건에 대하여 알게 되었다.

그것은 양의 덕택이었다. 어린 왕자가 심각한 의문에 사로잡혀 갑자기 나에게 물었다.

"양이 작은 나무를 먹는다는 것이 사실인가요?"
"그럼, 사실이지."
"그것 참 잘 됐군요!"

양이 작은 나무를 먹는다는 것이 그에게 왜 그렇게 중요한 것인지는 알 수 없었다. 그러나 어린 왕자는 계속 말했다.

"그러면 양이 바오밥 나무도 먹을 수 있겠군요."

나는 어린 왕자에게 바오밥 나무는 작은 나무가 아니라 교회만큼 큰 나무이고, 또 코끼리 떼를 데려가더라도 그 코끼리 한 떼가 단 한 그루의 바오밥 나무도 다 먹어 치우지 못할 것이라고 설명해 주었다.

- **reflexión** 숙고, 고찰
- **baobab** 바오밥(아프리카 산의 큰 나무)
- **arbusto** 관목
- **rebaño** (목축) 떼, 무리

Esta idea del rebaño de elefantes hizo reír al principito.

— Habría que poner los elefantes unos sobre otros…

Y luego añadió juiciosamente:

— Los baobabs, antes de crecer, son muy pequeñitos.
— Es cierto. Pero ¿por qué quieres que tus corderos coman los baobabs?

Me contestó: "¡Bueno! ¡Vamos!", como si hablara de una evidencia. Me fue necesario un gran esfuerzo de inteligencia para comprender por mí mismo este problema.

En efecto, en el planeta del principito había, como en todos los planetas, hierbas buenas y hierbas malas. Por consiguiente, de buenas semillas salían buenas hierbas y de las semillas malas, hierbas malas. Pero las semillas son invisibles; duermen en el secreto de la tierra, hasta que una de ellas tiene la fantasía de despertarse. Entonces se alarga extendiendo hacia el sol, primero tímidamente, una encantadora ramita inofensiva. Si se trata de una ramita de rábano o de rosal, se la puede dejar que crezca como quiera. Pero si se trata de una mala hierba, es preciso arrancarla inmediatamente en cuanto uno ha sabido reconocerla.

코끼리 한 떼라는 말을 듣고 어린 왕자는 웃었다.

"코끼리를 포개 놓아야 할 거예요."

그리고 재치 있게 계속 말했다.

"바오밥 나무도 자라기 전에는 매우 작지요."
"그건 그래. 그런데 너는 왜 양들이 바오밥 나무를 먹기를 바라는 거니? 나에게 대답했다. "아니, 몰랐어요!" 어린 왕자는 자명한 이치를 말하는 것 같았다. 그래서 나는 혼자서 이 문제를 이해하기 위하여 지혜를 짜내려고 노력해야만 했다.

실제로, 어린 왕자가 살던 별에는 다른 별들과 마찬가지로 좋은 풀과 나쁜 풀이 있었다. 그래서 좋은 씨에서는 좋은 풀이 자랐고, 나쁜 씨에서는 나쁜 풀이 자랐다. 그러나 씨는 보이지 않는다. 이 씨는 땅 속의 은밀한 곳에서 깊이 잠들어 있다가 그 중의 어떤 씨가 잠에서 깨어나는 환상에 사로잡힌다. 그리하여 이 씨는 처음에는 조금씩 자라다가 아름다운 어린 줄기를 태양을 향하여 내밀어 뻗는다. 그것이 무나 장미의 어린 줄기라면 자라고 싶은 대로 내버려 두어도 좋다. 그러나 나쁜 풀이라면 눈에 보이는 대로 바로 뿌리째 뽑아 버려야 한다.

- **juiciosamente** 현명하게
- **pequeñito** pequeño의 축소형
- **por consiguiente** 따라서, 그러므로
- **semilla** 씨
- **invisible** 눈에 보이지 않는
- **alargarse** 길어지다
- **ramita** rama의 축소형
- **rábano** 무
- **rosal** 장미나무
- **arrancar** 뽑다, 떼어내다

En el planeta del principito había semillas terribles… como las semillas del baobab. El suelo del planeta está infestado de ellas. Si un baobab no se arranca a tiempo, no hay manera de desembarazarse de él más tarde; cubre todo el planeta y lo perfora con sus raíces. Y si el planeta es demasiado pequeño y los baobabs son numerosos, lo hacen estallar.

"Es una cuestión de disciplina", me decía más tarde el principito. "Cuando por la mañana uno termina de arreglarse, hay que hacer cuidadosamente la limpieza del planeta. Hay que dedicarse regularmente a arrancar los baobabs, cuando se les distingue de los rosales, a los cuales se parecen mucho cuando son pequeñitos. Es un trabajo muy fastidioso pero muy fácil".

어린 왕자의 별에는 바오밥 나무의 씨와 같은 매우 나쁜 씨가 있었다. 그 별의 땅에는 바오밥 나무의 씨가 퍼져 있었다. 바오밥을 제때에 뿌리째 뽑아 버리지 않으면 나중에는 제거할 방법이 없다. 바오밥이 별 전체에 퍼져서 그 뿌리로 별을 꿰뚫게 되기 때문이다. 그래서 만약에 별이 매우 작고 바오밥이 너무 많으면 바오밥은 별을 파괴시켜 버리고 마는 것이다.

어린 왕자는 나중에 나에게 이렇게 말했다. "그건 규율에 관한 문제지요. 아침에 몸단장이 끝나면, 정성스럽게 별을 청소해야 해요. 바오밥이 작을 때는 장미나무와 매우 비슷하지만, 장미나무와 구별이 될 때는 규칙적으로 바오밥을 뽑아 버려야 해요. 매우 귀찮은 일이지만 매우 쉬운 일이지요."

- **infestar** 퍼뜨리다, 침해하다
- **desembarazarse de** …을 없애다, 치우다
- **perforar** 구멍을 뚫다
- **estallar** 폭발하다
- **disciplina** 훈련, 규율
- **arreglarse** 가지런히 하다
- **fastidioso** 귀찮은

Y un día me aconsejó que me dedicara a realizar un hermoso dibujo, que hiciera comprender a los niños de la tierra estas ideas. "Si alguna vez viajan — me decía —, esto podrá servirles mucho. A veces no hay inconveniente en dejar para más tarde el trabajo que se ha de hacer; pero tratándose de baobabs, el retraso es siempre una catástrofe. Yo he conocido un planeta, habitado por un perezoso que descuidó tres arbustos···"

어느 날 어린 왕자는 나에게 지구의 아이들이 이런 생각을 잘 이해할 수 있도록 하기 위하여 그림을 잘 그리는 데 전념하라고 충고하였다. 그리고 나에게 이렇게 말했다. "언젠가 아이들이 여행을 할 때 그 그림은 큰 도움이 될 겁니다. 해야 할 일을 뒤로 미룬다 해도 아무렇지도 않을 때가 있지요. 그러나 바오밥 나무에 있어서 해야 할 일을 미루어 두면 항상 재앙이 닥치게 되어 있지요. 나는 게으름뱅이가 살고 있던 별을 알게 되었어요. 어린 바오밥 나무 세 그루를 소홀히 내버려 두었다가…"

- **dedicarse** 전념하다, 종사하다
- **inconveniente** 지장, 방해
- **retraso** 지체, 지연
- **catástrofe** 대재앙, 파국
- **perezoso** 게으른, 게으름뱅이
- **descuidar** 소홀히 하다, 방심하다

Siguiendo las indicaciones del principito, dibujé dicho planeta. Aunque no me gusta el papel de moralista, el peligro de los baobabs es tan desconocido y los peligros que puede correr quien llegue a perderse en un asteroide son tan grandes, que no vacilo en hacer una excepción y exclamar: "¡Niños, atención a los baobabs!" Y sólo con el fin de advertir a mis amigos de estos peligros a que se exponen desde hace ya tiempo sin saberlo, he trabajado tanto en este dibujo. La lección que con él podía dar, valía la pena. Es muy posible que alguien me pregunte por qué no hay en este libro otros dibujos tan grandiosos como el dibujo de los baobabs. La respuesta es muy sencilla: he tratado de hacerlos, pero no lo he logrado. Cuando dibujé los baobabs estaba animado por un sentimiento de urgencia.

그래서 나는 어린 왕자가 설명해 주는 대로 그 식물의 그림을 그렸다. 나는 도덕가의 역할을 좋아하지 않지만, 바오밥 나무의 위험에 대해서는 거의 알려져 있지 않고, 또 어느 행성에서 길을 잃은 사람에게 커다란 위험이 닥치게 될 것이기 때문에, 이번 한 번만 예외적으로 이렇게 외치려 한다. "어린이 여러분, 바오밥을 조심하세요!" 오직 오랫동안 바오밥을 모른 채 위험에 노출되어 있는 나의 친구들에게 경고하려는 목적으로 열심히 그림을 그렸다. 이 그림과 함께 내가 줄 수 있었던 교훈은 가치가 있었다. 이 책에는 왜 바오밥 나무의 그림처럼 웅장한 다른 그림은 없느냐고 물어 볼 것이다. 대답은 매우 간단하다. 그림을 그리려고 노력했지만 성공하지 못했던 것이다. 내가 바오밥을 그렸을 때는 매우 절실하게 느껴서 열심히 그렸던 것이다.

- **dicho** 앞에 말한
- **valer la pena** 가치가 있다
- **grandioso** 거대한, 장대한
- **urgencia** 긴급, 위급

Los Baobabs

6

Ah, principito, cómo he ido comprendiendo lentamente tu vida melancólica! Durante mucho tiempo tu única distracción fue la suavidad de las puestas de sol. Este nuevo detalle lo supe al cuarto día, cuando me dijiste:

—Me gustan mucho las puestas de sol; vamos a ver una puesta de sol···
—Tendremos que esperar···
—¿Esperar qué?
—Que el sol se ponga.

아, 어린 왕자! 나는 너의 슬픈 인생에 대하여 조금씩 알게 되었다. 오랫동안 너의 유일한 즐거움이 조용한 석양이었지. 나흘째 되던 날, 네가 이렇게 말했을 때, 이 새로운 사실을 알았다.

"나는 해가 질 무렵을 무척 좋아해요. 해 지는 모습을 보러 가요."
"기다려야 할 텐데."
"무엇을 기다려요?"
"해가 지기를 기다려야지."

- **melancólico** 우울한
- **distracción** 오락(물), 기분풀이
- **suavidad** 조용함, 부드러움
- **puesta del sol** 석양

Pareciste muy sorprendido primero, y después te reíste de ti mismo. Y me dijiste:

— Siempre me creo que estoy en mi tierra.

En efecto, como todo el mundo sabe, cuando es mediodía en Estados Unidos, en Francia se está poniendo el sol. Sería suficiente poder trasladarse a Francia en un minuto para asistir a la puesta del sol, pero desgraciadamente Francia está demasiado lejos. En cambio, sobre tu pequeño planeta te bastaba arrastrar la silla algunos pasos para presenciar el crepúsculo cada vez que lo deseabas···

— ¡Un día vi ponerse el sol cuarenta y tres veces!

Y un poco más tarde añadiste:

— ¿Sabes? Cuando uno está verdaderamente triste le gusta ver las puestas de sol.
— El día que la viste cuarenta y tres veces estabas muy triste, ¿verdad?

Pero el principito no respondió.

처음에 너는 매우 놀라는 것 같더니 이어 제 자신이 어처구니없는 듯 웃었지. 그리고 나에게 말했지.

"나는 항상 내가 살던 곳에 있다고 생각해요."

실제로, 모든 사람이 알고 있듯이, 미국이 정오일 때, 프랑스는 해가 지고 있다. 해가 지는 것을 보기 위하여 일 분 안에 프랑스로 이동할 수 있다면 정오에도 해 지는 것을 볼 수 있다. 그러나 불행히도 프랑스는 너무 멀리 있다. 그렇지만 너의 작은 별에서는 네가 앉아 있는 의자를 조금 끌어당기기만 하면, 보고 싶을 때면 언제라도 황혼을 바라볼 수 있었지.

"나는 하루 동안에 해가 지는 것을 마흔세 번이나 보았어요!"

그리고 잠시 후 너는 이렇게 덧붙여 말했지.

"알아요? 사람들은 정말 슬플 때 해 지는 것을 보고 싶어하지요."
"해 지는 것을 마흔세 번이나 본 그 날은 그렇게 매우 슬펐니?"

그러나 어린 왕자는 아무 대답도 하지 않았다.

- **reírse de** …을 비웃다
- **mediodía** 정오
- **trasladarse** 옮기다, 이주하다
- **desgraciadamente** 불행하게도
- **arrastrar** (질질) 끌다, 기어가다
- **presenciar** 목격하다
- **crepúsculo** 황혼

Al quinto día, siempre gracias al cordero, me fue revelado otro secreto de la vida del principito. Me preguntó bruscamente y sin preámbulo, como resultado de un problema largamente meditado en silencio:

—Si un cordero se come los arbustos, se comerá también las flores, ¿no?
—Un cordero se come todo lo que encuentra.
—¿Y también las flores que tienen espinas?
—Sí, también las flores que tienen espinas.
—Entonces, ¿para qué le sirven las espinas?

Yo no lo sabía. Estaba yo muy ocupado tratando de destornillar un perno demasiado apretado del motor; la avería comenzaba a parecerme cosa grave y la circunstancia de que se estuviera agotando el agua de beber, me hacía temer lo peor.

—¿Para qué sirven las espinas?

El principito no permitía nunca que se dejara sin respuesta una pregunta formulada por él. Irritado por la resistencia que me oponía el perno, le respondí lo primero que se me ocurrió:

다섯 번째 날, 양의 덕택으로 어린 왕자의 다른 비밀을 알게 되었다. 어린 왕자는 불쑥 밑도 끝도 없이 마치 오랫동안 어떤 문제에 대하여 곰곰이 생각해 오던 끝에 나온 말처럼 이렇게 물었다.

"양이 작은 관목을 먹을 수 있다면 꽃도 먹을 수 있나요?"
"양은 닥치는 대로 아무것이나 먹지."
"가시가 있는 꽃도 먹는단 말이에요?"
"그럼, 가시가 있는 꽃도 먹지."
"그럼 가시는 아무 소용도 없네요?"
나는 그것을 알지 못했다. 나는 엔진에 꽉 죄여 있는 나사를 풀려고 정신 없이 바빴다. 고장이 치명적이라는 사실을 알게 되었고, 식수도 다 떨어져 가는 상황에서 최악의 경우를 생각하니 나는 매우 불안했다.

"가시가 무슨 소용이 있지요?"

어린 왕자는 한번 질문을 하면 대답을 얻어 낼 때까지 가만두지 않았다. 나는 나사가 풀리지 않아 화가 나서 생각나는 대로 아무렇게나 그에게 대답했다.

- **gracias a** ···덕분에
- **preámbulo** 서언, 서론
- **destornillar** 나사를 풀다
- **perno** 나사, 볼트
- **circunstancia** 상황, 사정
- **se me ocurrió** ···이 떠올랐다, 생각났다

—Las espinas no sirven para nada; son pura maldad de las flores.

—¡Oh!

Y después de un silencio, me dijo con una especie de rencor:

—¡No te creo! Las flores son débiles. Son ingenuas. Se defienden como pueden. Se creen terribles con sus espinas…

No le respondí nada; en aquel momento me estaba diciendo a mí mismo: "Si este perno me resiste un poco más, lo haré saltar de un martillazo". El principito me interrumpió de nuevo mis pensamientos:

—¿Tú crees que las flores…?
—¡No, no creo nada! Te he respondido cualquier cosa para que te calles. Tengo que ocuparme de cosas serias.

Me miró estupefacto.

—¡De cosas serias!

Me veía con el martillo en la mano, los dedos llenos de grasa e inclinado sobre algo que le parecía muy feo.

—¡Hablas como las personas mayores!

Me avergonzó un poco. Pero él, implacable, añadió:

"가시는 아무 소용도 없지. 꽃이 심술부리는 것이지."
"그래요!"

침묵이 흐른 후, 원망스러운 듯 나에게 말했다.

"당신을 믿지 않아요! 꽃은 약하고 순진해요. 꽃은 가능한 한 자신을 지키려 해요. 꽃은 가시를 무서운 것으로 생각하고 있어요…"

나는 그에게 아무 대답도 못했다. 그 순간 나는 나 자신에게 이렇게 말했다. '이 나사가 풀리지 않으면 망치질을 해서 빼내야지.' 어린 왕자는 다시 내 생각을 방해했다.

"꽃이 정말 그렇다고 생각하나요?"
"아니야, 난 그렇게 생각하지 않아. 네가 입 다물고 조용히 있게 하려고 아무렇게나 대답한 거야. 난 이 중요한 일을 해야 한단 말이야."

그는 깜짝 놀란 표정으로 나를 바라보았다.

"중요한 일이라고요!"

나는 어린 왕자가 보기에 매우 추해 보이는 물건 위에 엎드려 손에는 망치를 들고 손가락은 기름칠을 하고 있었다.

"어른들처럼 말하는군요!"

나는 좀 부끄러웠다. 그러나 끈질긴 어린 왕자는 계속해서 말했다.

- **maldad** 악의, 사악함
- **martillazo** 망치질
- **interrumpir** 중단시키다, 저지하다
- **estupefacto** 망연자실한, 넋을 잃은
- **martillo** 망치
- **grasa** 기름(때), 지방
- **avergonzar** 부끄러움을 알게 하다
- **implacable** 달랠 수 없는, 끈질긴

—¡Lo confundes todo... todo lo mezclas...!

Estaba verdaderamente irritado; sacudía la cabeza, agitando al viento sus cabellos dorados.

—Conozco un planeta donde vive un señor muy colorado, que nunca ha olido una flor, ni ha mirado una estrella y que jamás ha querido a nadie. En toda su vida no ha hecho más que sumas. Y todo el día repite como tú: "¡Yo soy un hombre serio, yo soy un hombre serio!". Se infla de orgullo. Pero eso no es un hombre, ¡es un hongo!

—¿Un qué?
—Un hongo.

El principito estaba pálido de cólera.

—Hace millones de años que las flores tiene espinas y hace también millones de años que los corderos, a pesar de las espinas, se comen las flores. ¿Es que no es cosa seria averiguar por qué las flores pierden el tiempo fabricando unas espinas que no les sirven para nada? ¿Es que no es importante la guerra de los corderos y las flores? ¿No es esto más serio e importante que las sumas de un señor gordo y colorado? Y si yo sé de una flor única en el mundo y que no existe en ninguna parte más que en mi planeta; si yo sé que una mañana un corderillo puede aniquilarla sin darse cuenta de ello, ¿es que esto no es importante?

"당신은 모든 것을 혼동하고 있어요… 모든 게 뒤죽박죽이야!"

어린 왕자는 정말로 화가 나 있었다. 그는 머리를 흔들었고, 금빛 머리카락은 바람에 휘날리고 있었다.

"나는 얼굴이 매우 붉은 신사 한 분이 살고 있는 별을 알고 있어요. 그 신사는 꽃 냄새를 맡아 본 일도 없고 별을 구경한 일도 없었어요. 그는 어느 누구도 사랑을 해 본 일이 없었지요. 그는 평생 동안 계산만 했어요. 그리고 하루 종일 당신처럼 '나는 중요한 일을 하는 사람이야!' 라고 되풀이 말하죠. 그래서 그는 교만으로 가득 차 있어요. 그러나 그는 사람이 아니에요. 버섯이에요!"

"뭐라고?"
"버섯이라고요!"

어린 왕자는 화가 나서 얼굴이 창백해져 있었다.

"꽃은 수백만 년 동안 가시를 갖고 있어요. 양도 마찬가지로 수백만 년 동안 가시에도 불구하고 꽃을 먹어 왔지요. 그런데 꽃들이 아무 소용도 없는 가시를 만들기 위하여 시간을 보내고 있는지 알려고 하는 것이 중요하지 않다는 말인가요? 양과 꽃 사이의 싸움이 중요하지 않다는 말인가요? 얼굴이 붉은 뚱보 신사의 덧셈보다 이것이 중요하지 않다는 말인가요? 내 별 이외에 다른 곳에서는 절대 자라지 않는 이 세상에서 단 하나뿐인 꽃이 있는데, 어느 날 아침 어린 양이 무심코 꽃을 따 먹어 버릴 수 있다는 것을 내가 안다고 가정해 보세요. 그래도 이것이 중요하지 않다는 말인가요?"

- **sacudir** 흔들다
- **inflarse** 우쭐하다, 뽐내다
- **hongo** 버섯, 균
- **cólera** 분노, 화
- **a pesar de** …에도 불구하고
- **averiguar** 조사하다, 탐구하다
- **fabricar** 만들다, 제조하다
- **corderillo** cordero의 축소형
- **aniquilar** 전멸시키다, 없애다
- **darse cuenta de** …을 알다, 알아채다

El principito enrojeció y después continuó:

—Si alguien ama a una flor de la que sólo existe un ejemplar en millones y millones de estrellas, basta que las mire para ser dichoso. Puede decir satisfecho: "Mi flor está allí, en alguna parte···" ¡Pero si el cordero se la come, para él es como si de pronto todas las estrellas se apagaran! ¡Y esto no es importante!

No pudo decir más y estalló bruscamente en sollozos.

La noche había caído. Yo había soltado las herramientas y ya no importaban nada el martillo, el perno, la sed y la muerte. ¡Había en una estrella, en un planeta, el mío, la Tierra, un principito a quien consolar! Lo tomé en mis brazos y lo acuné diciéndole: "la flor que tú quieres no corre peligro··· te dibujaré un bozal para tu cordero y una armadura para la flor··· te···". No sabía qué decirle, cómo consolarle y hacer que tuviera nuevamente confianza en mí; me sentía torpe. ¡Es tan misterioso el país de las lágrimas!

어린 왕자는 얼굴을 붉히며 말을 이었다.

"만약 어떤 사람이 수백만 개의 별에서 자라고 있는 단 한 송이의 꽃을 사랑한다면, 그 사람은 별들을 바라보기만 해도 행복하게 되지요. 그는 이렇게 말할 거예요. '내 꽃이 저기 어딘가에 있겠지…' 만약 양이 그 꽃을 먹어 버린다면, 그에게는 마치 모든 별들이 순식간에 캄캄해지는 것과 같을 거예요. 이것이 중요하지 않다는 말이군요!"

어린 왕자는 더 이상 말을 할 수 없었다. 갑자기 흐느껴 울었다.

밤이 되었다. 나는 손에 들고 있던 공구를 내려놓았다. 쇠망치, 나사, 갈증, 그리고 죽음 따위는 전혀 중요하지 않았다. 어떤 별에, 어떤 행성에, 나의 별에, 이 지구 위에 내가 위로해 주어야 할 어린 왕자가 있었다! 나는 어린 왕자를 팔에 안아 흔들어 주면서 말했다. "네가 사랑하는 꽃은 위험하지 않아. 너의 양에게 씌워 줄 입마개와 꽃을 위하여 울타리를 그려 줄게… 너에게…" 나는 어린 왕자에게 뭐라고 말해야 할지 몰랐다. 어떻게 해야 어린 왕자를 달래서 다시 나와 친밀하게 지내도록 할 수 있을지 몰랐다. 내가 우둔하다고 생각했다. 눈물의 나라는 정말 이상한 곳이야!

- **enrojecer** 얼굴을 붉히다
- **dichoso** 행복한 (feliz)
- **de pronto** 갑자기
- **apagar** 끄다, 없애다
- **sollozo** 흐느껴 울기, 오열
- **herramienta** 도구, 연장
- **acunar** 요람에 넣어 흔들다
- **correr peligro** 위험을 무릅쓰다
- **bozal** (짐승의) 입마개
- **armadura** 병기, 갑옷
- **confianza** 신뢰, 친밀
- **torpe** 서툰, 우둔한

8

Aprendí bien pronto a conocer mejor esa flor. Siempre había habido en el planeta del principito flores muy simples adornadas con una sola fila de pétalos que apenas ocupaban sitio y a nadie molestaban. Aparecían entre la hierba una mañana y por la tarde se extinguían. Pero aquella había germinado un día de una semilla llegada de quién sabe dónde, y el principito había vigilado cuidadosamente desde el primer día aquella ramita tan diferente de las que él conocía. Podía ser una nueva especie de baobab. Pero el arbusto cesó pronto de crecer y comenzó a echar su flor. El principito observó el crecimiento de un enorme capullo y sentía que iba a salir de allí una aparición milagrosa; pero la flor no acababa de preparar su belleza al abrigo de su envoltura verde. Elegía con cuidado sus colores, se vestía lentamente y se ajustaba uno a uno sus pétalos. No quería salir ya ajada como las amapolas; quería aparecer en todo el esplendor de su belleza. ¡Ah, era muy coqueta aquella flor! Su misteriosa preparación duraba días y días. Hasta que una mañana, precisamente al salir el sol se mostró espléndida.

8

　나는 곧 그 꽃에 대하여 더 잘 알게 되었다. 어린 왕자의 별에는 항상 소박한 꽃들이 있었다. 그 꽃들은 꽃잎이 한 겹이고 자리를 차지하지도 않았고 누구에게도 방해가 되지 않았다. 아침에 풀 속에서 피어났다가 오후에 시드는 꽃이었다. 그런데 어느 날 아무도 모르는 곳에서 날아 온 씨가 싹튼 것이었다. 어린 왕자가 알고 있던 싹들과는 전혀 달랐기 때문에, 어린 왕자는 첫날부터 그 싹을 조심스럽게 관찰하였다. 어쩌면 새로운 종류의 바오밥일 수도 있다. 그러나 작은 나무가 되더니 성장을 멈추고 꽃을 피우기 시작했다. 어린 왕자는 커다란 봉오리가 피어 오르는 것을 보고는, 그 봉오리에서 신비로운 것이 나올 것 같은 느낌이 들었다. 그러나 그 꽃은 녹색의 방에서 자기의 아름다움을 나타낼 준비를 끝내지 못했다. 꽃은 세심하게 색깔을 선택하여 천천히 옷을 입었다. 그리고 꽃잎을 하나하나 가다듬고 있었다. 이 꽃은 양귀비꽃처럼 헝클어진 상태로 나오고 싶지 않았다. 눈이 부실 만큼 아름다운 모습으로 세상에 나오고 싶었다. 아! 정말로 요염한 꽃이었다. 그 꽃의 신비스러운 치장은 며칠이고 계속되었다. 어느 날 아침, 막 해가 뜰 무렵에 눈부신 모습을 드러냈다.

- **adornar** 장식하다, 꾸미다
- **fila** 열, 줄
- **pétalo** 꽃잎
- **extinguirse** 사라지다
- **germinar** 싹이 트다, 발아하다
- **vigilar** 지키다, 감시하다
- **cesar de** *inf.* …하는 것을 그만두다
- **capullo** 봉오리
- **al abrigo de** …의 도움을 받아
- **envoltura** (겉)포장, 포장지
- **ajar** 엉망으로 만들다
- **amapola** 양귀비
- **coqueta** 요염한, 아름다운 여자
- **espléndido** 찬란한, 멋들어진

La flor, que había trabajado con tanta precisión, dijo bostezando:

— ¡Ah, perdóname··· apenas acabo de despertarme··· estoy toda despeinada···!

El principito no pudo contener su admiración:

— ¡Qué hermosa eres!
— ¿Verdad? — respondió dulcemente la flor —. He nacido al mismo tiempo que el sol.

El principito adivinó exactamente que ella no era muy modesta ciertamente, pero ¡era tan conmovedora!

— Me parece que ya es hora de desayunar — añadió la flor — ; si tuvieras la bondad de pensar un poco en mí···

Y el principito, muy confuso, habiendo ido a buscar una regadera, la roció abundantemente con agua fresca.

Y así, ella lo había atormentado con su vanidad un poco sombría. Un día, por ejemplo, hablando de sus cuatro espinas, dijo al principito:

정성을 다해 준비한 그 꽃은 하품을 하면서 말했다.

"아! 미안해요… 아직 잠이 덜 깼나 봐요… 아직 머리가 헝클어져 있네요…"

어린 왕자는 꽃의 아름다움에 감탄하지 않을 수 없었다.

"정말 아름답구나!"
"정말이에요? 저는 햇님과 같이 태어났어요." 꽃은 상냥하게 대답했다.

어린 왕자는 이 꽃이 겸손하지 않다는 것을 정확하게 짐작했다. 하지만 얼마나 감동적인가!

"아침을 먹을 시간이에요." 꽃은 이어서 말했다. "저를 조금 생각해 주신다면…"

그러자 당황한 어린 왕자는 물뿌리개를 찾아다가 꽃에게 신선한 물을 충분히 뿌려 주었다.

꽃은 피어나자마자 좀 심술궂은 허영심을 갖고 어린 왕자를 괴롭혔다. 예를 들면, 어느 날 꽃은 자신이 갖고 있는 네 개의 가시에 대하여 이야기하면서 어린 왕자에게 이렇게 말했다.

- **bostezar** 하품하다 *cf.* bostezar de hastío 싫증이 나서 하품을 하다
- **despeinar** 머리를 헝클다
- **contener** 억제하다, 포함하다
- **conmovedor** 감동시키는
- **regadera** 물뿌리개, 살수기
- **rociar** (물을) 뿌리다 *cf.* rociar con agua las flores 물뿌리개로 꽃에 물을 주다
- **atormentar** 괴롭히다
- **vanidad** 허영심, 우쭐대기
- **sombrío** 우울한, 어두운

— ¡Ya pueden venir los tigres, con sus garras!

— No hay tigres en mi planeta — objetó el principito — y, además, los tigres no comen hierba.

— Yo no soy una hierba — respondió dulcemente la flor.

— Perdóname···

— No temo a los tigres, pero tengo miedo a las corrientes de aire. ¿No tendrás un biombo?

"Miedo a las corrientes de aire no es una suerte para una planta — pensó el principito —. Esta flor es demasiado complicada···"

— Por la noche me cubrirás con un fanal··· hace mucho frío en tu tierra. No se está muy a gusto; allá de donde yo vengo···

La flor se interrumpió; había llegado allí en forma de semilla y no era posible que conociera otros mundos. Humillada por haberse dejado sorprender inventando un mentira tan ingenua, tosió dos o tres veces para atraerse la simpatía del principito.

"발톱을 가진 호랑이라도 와 보라지요!"
"내 별에는 호랑이가 없는데"라고 어린 왕자는 반박했다. "그리고 호랑이는 풀을 먹지 않아."
"저는 풀이 아니에요." 꽃이 상냥하게 대답했다.
"미안해…"
"저는 호랑이는 무섭지 않아요. 하지만 바람은 무서워요. 바람막이를 갖고 있지 않나요?"

"바람이 무섭다면 식물로서는 좋은 일이 아니군. 이 꽃은 매우 까다롭군…" 어린 왕자는 이렇게 생각했다.

"밤에 나에게 유리 덮개를 씌워 주세요. 당신이 살고 있는 이 곳은 너무 추워요. 이 곳은 쾌적하지 않아요. 제가 살던 곳은…"

꽃은 말을 중단하였다. 꽃은 이 곳에 왔을 때는 씨의 형태였고, 다른 세상을 안다는 것은 불가능했다. 매우 천진스러운 거짓말을 하고 당황하며 부끄러워진 꽃은 어린 왕자의 호감을 끌기 위하여 두세 차례 기침을 하였다.

- **garra** 발톱
- **objetar** 반대하다, 반론하다
- **biombo** 칸막이, 병풍
- **fanal** 유리 덮개
- **humillar** 굴복시키다
- **ingenuo** 천진한, 솔직한
- **atraer** 매혹하다, 끌어당기다

— ¿Y el biombo?

— Iba a buscarlo, pero como no dejabas de hablarme···

Insistió en su tos para darle al menos remordimientos.

De esta manera el principito, a pesar de la buena voluntad de su amor, había llegado a dudar de ella. Había tomado en serio palabras sin importancia y se sentía desgraciado.

"Yo no debí haberla escuchado — me confesó un día el principito — nunca hay que escuchar a las flores, basta con mirarlas y olerlas. Mi flor embalsamaba el planeta, pero yo no sabía gozar con eso··· Aquella historia de garra y tigres que tanto me molestó, hubiera debido enternecerme".

Y me contó todavía:

"¡No supe comprender nada entonces! Debí juzgarla por sus actos y no por sus palabras. ¡La flor perfumaba e iluminaba mi vida y jamás debí huir de allí! ¡No supe adivinar la ternura que ocultaban sus pobres astucias! ¡Son tan contradictorias las flores! Pero yo era demasiado joven para saber amarla".

"바람막이는 어떻게 되었죠?"
"찾고 있었어. 네가 나에게 계속 말을 해서…"

그러자 꽃은 어린 왕자가 고민이라도 하게 하기 위해서 계속 기침을 했다.

그래서 마음씨 좋고 다정 다감한 마음을 가진 어린 왕자이지만 꽃을 의심하게 되었다. 어린 왕자는 꽃이 대수롭지 않게 지껄인 말을 심각하게 받아들였고 그래서 불행하게 느껴졌다.

어느 날 어린 왕자가 나에게 고백했다. "나는 꽃이 하는 말에 귀를 기울이지 말았어야 했어요. 꽃이 하는 말은 들을 필요가 없어요. 꽃은 단지 바라보고 향기만 맡으면 되지요. 내 꽃은 내 별을 향기롭게 했지만 나는 그것을 즐길 줄 몰랐어요… 나를 괴롭혔던 발톱과 호랑이에 대한 이야기가 나를 달래 주었을 수도 있었는데."

그리고 어린 왕자는 계속 말을 했다.

"나는 아무것도 이해할 수 없었어요! 나는 꽃의 말이 아니라 꽃의 행동을 보고 꽃을 판단해야 했어요. 꽃은 나에게 향기를 주고 나에게 빛을 주었는데. 나는 꽃을 떠나지 말았어야 했는데… 그 가련한 거짓말 뒤에 따뜻한 마음이 숨어 있는 것을 짐작하지 못했어요! 꽃은 정말 모순덩어리야! 하지만 꽃을 사랑하기에는 내가 너무 어렸어."

- **remordimiento** 후회, 번민
- **embalsamar** (…에) 향수를 뿌리다
- **gozar** 즐기다, 향유하다
- **enternecer** 부드럽게 하다, 감동시키다
- **juzgar** 판단하다
- **perfumar** 향기를 뿌리다
- **astucia** 간계, 간사함
- **contradictorio** 모순이 되는

9

Creo que el principito aprovechó la migración de una bandada de pájaros silvestres para su evasión. La mañana de la partida, puso en orden el planeta. Deshollinó cuidadosamente sus volcanes en actividad, de los cuales poseía dos, que le eran muy útiles para calentar el desayuno todas las mañanas. Tenía, además, un volcán extinguido. Deshollinó también el volcán extinguido, pues, como él decía, nunca se sabe lo que puede ocurrir. Si los volcanes están bien deshollinados, arden sus erupciones, lenta y regularmente. Las erupciones volcánicas son como el fuego de nuestras chimeneas. Es evidente que en nuestra Tierra no hay posibilidad de deshollinar los volcanes; los hombres somos demasiado pequeños. Por eso nos dan tantos disgustos.

El principito arrancó también con un poco de melancolía los últimos brotes de baobabs. Creía que no iba a volver nunca. Pero todos aquellos trabajos le parecieron aquella mañana extremadamente dulces. Y cuando regó por última vez la flor y se dispuso a ponerla al abrigo del fanal, sintió ganas de llorar.

9

 나는 어린 왕자가 철새들의 이동을 이용하여 그의 별을 탈출했을 것이라고 생각한다. 그가 출발하던 날 아침, 그는 별을 깨끗이 정리하였다. 어린 왕자는 활화산을 정성껏 청소했다. 그는 두 개의 활화산을 소유하고 있었는데 그 활화산은 매일 아침 식사를 준비하는 데 매우 편리하였다. 그리고 하나의 사화산도 갖고 있었다. 그러나 어린 왕자는 언제 폭발할지 모른다고 말하곤 했다. 그래서 그는 사화산도 역시 깨끗이 청소하였다. 화산은 청소만 깨끗이 되어 있으면 폭발 없이 서서히 규칙적으로 분화한다. 화산 폭발은 굴뚝에서 뿜는 불과 같은 것이다. 이 지구에서 화산을 청소한다는 것은 불가능하다. 우리 인간들이 너무 작기 때문이다. 그래서 화산 폭발로 인한 괴로움을 겪는 것이다.

 어린 왕자는 우울한 마음으로 최근에 돋아난 바오밥의 싹을 뽑아 버렸다. 그는 다시는 돌아오지 않을 것이라고 생각했다. 그러나 그 날 아침의 모든 일들은 그에게는 매우 소중하게 느껴졌다. 마지막으로 꽃에게 물을 주고 유리 덮개를 씌워 주려 할 때는 눈물이 나올 것만 같았다.

- **aprovechar** 이용하다
- **migración** (철새의) 이동, 이주
- **bandada** 새떼
- **silvestre** 야생의
- **evasión** 도망, 기피
- **poner en orden** 정돈하다
- **deshollinar** (굴뚝의) 그을음을 털어 내다
- **volcán en actividad** 활화산
- **calentar** 가열하다, 데우다
- **volcán extinguido** 사화산
- **arder** 불타다, 끓다
- **erupción** 분화, 발진
- **chimenea** 굴뚝, 난로
- **disgusto** 불쾌, 화남

Deshollinó cuidadosamente sus volcanes en actividad.

— Adiós — le dijo a la flor. Ésta no respondió.
— Adiós — repitió el principito.

La flor tosió, pero no porque estuviera resfriada.

— He sido una tonta — le dijo al fin la flor —. Perdóname. Procura ser feliz.

Se sorprendió por la ausencia de reproches y quedó desconcertado, con el fanal en el aire, no comprendiendo esta tranquila mansedumbre.

"잘 있어." 꽃에게 말했다. 꽃은 대답이 없었다.
"잘 있으라니까." 어린 왕자는 다시 말했다.

꽃은 기침을 했다. 그러나 감기에 걸렸기 때문이 아니었다.

"내가 바보였어요. 용서를 빌겠어요. 행복하세요." 마침내 꽃이 어린 왕자에게 말했다.

그는 꽃이 원망하지 않는 것에 놀랐다. 어린 왕자는 바람막이 유리 덮개를 들고 멍하니 서 있었다. 어린 왕자는 이 꽃이 왜 이렇게 얌전한지를 알 수가 없었다.

- **resfriado** 감기에 걸린
- **reproche** 비난, 질책
- **desconcertado** 교란된, 당황한
- **mansedumbre** 온화, 얌전함

—Sí, yo te quiero—le dijo la flor—, ha sido culpa mía que tú no lo sepas; pero eso no tiene importancia. Y tú has sido tan tonto como yo. Trata de ser feliz··· Y suelta de una vez ese fanal; ya no lo quiero.

—Pero el viento···

—No estoy tan resfriada como para··· El aire fresco de la noche me hará bien. Soy una flor.

—Y los animales···

—Será necesario que soporte dos o tres orugas, si quiero conocer las mariposas; creo que son muy hermosas. Si no, ¿quién vendrá a visitarme? Tú estarás muy lejos. En cuanto a las fieras, no las temo: yo tengo mis garras.

Y le mostraba ingenuamente sus cuatro espinas. Luego añadió:

—Y no prolongues más tu despedida. Puesto que has decidido partir, vete de una vez.

La flor no quería que la viese llorar: era tan orgullosa···

"그래요, 저는 당신을 사랑해요." 꽃이 어린 왕자에게 말했다. "그 동안 당신이 나의 사랑을 알지 못한 것은 내 잘못이었어요. 하지만 괜찮아요. 당신도 역시 나와 같이 어리석었어요. 부디 행복하세요… 유리 덮개는 내버려 두세요. 이젠 필요 없어요."

"그렇지만 바람이 불면…"

"내 감기는 대단한 것이 아니에요… 밤의 시원한 바람은 나에게 좋아요. 나는 꽃이니까요."

"하지만 동물들이 나타나면…"

"나비와 친해지려면 두세 마리의 배추벌레 정도는 참고 견디어야 해요. 나비는 매우 아름다워요. 나비나 배추벌레가 아니라면, 누가 나를 찾아와 주겠어요? 왕자님은 멀리 가 버리실 거고… 큰 짐승 같은 것은 조금도 두렵지 않아요. 나에게는 발톱이 있으니까요."

그리고는 꽃은 천진난만하게 네 개의 가시를 보여 주면서 계속해서 말했다.

"더 이상 작별을 주저하지 마세요. 떠나기로 결심하셨으니까요. 자, 떠나세요!"

꽃은 울고 있는 자신의 모습을 어린 왕자에게 보이고 싶지 않았다. 그 꽃은 그렇게 자존심이 강했다.

- **soltar** 풀어 주다, 놓다
- **soportar** 참다, 견디다
- **oruga** 배추벌레
- **en cuanto a** …에 대해서는
- **fiera** 맹수, 야수
- **garra** 발톱
- **prolongar** 길게 하다, 연장하다
- **despedida** 이별
- **orgulloso** 긍지가 대단한

Se encontraba en la región de los asteroides 325, 326, 327, 328, 329 y 330. Para ocuparse en algo e instruirse al mismo tiempo decidió visitarlos.

El primero estaba habitado por un rey. El rey, vestido de púrpura y armiño, estaba sentado sobre un trono muy sencillo y, sin embargo, majestuoso.

— ¡Ah — exclamó el rey al divisar al principito —, aquí tenemos un súbdito!

El principito se preguntó: "¿Cómo es posible que me reconozca si nunca me ha visto?"

Ignoraba que para los reyes el mundo está muy simplificado. Todos los hombres son súbditos.

— Aproxímate para que te vea mejor — le dijo el rey, que estaba orgulloso de ser el rey de alguien.

El principito buscó donde sentarse, pero el planeta estaba ocupado totalmente por el magnífico manto de armiño. Se quedó, pues, de pie, pero como estaba cansado, bostezó.

10

어린 왕자의 별은 소행성 325, 326, 327, 328, 329 그리고 330의 지역에 있었다. 그래서 어린 왕자는 일자리도 알아보고 지식도 얻기 위하여 그 별들을 방문하기로 했다.

첫 번째 별에는 왕이 살고 있었다. 그 왕은 붉은 옷에 담비 모피로 만든 옷을 입고 있었고, 매우 단순하면서도 위엄이 있는 옥좌에 앉아 있었다.

"아! 신하가 한 명 왔구나." 왕은 어린 왕자가 오는 것을 보고 외쳤다.

그러자 어린 왕자는 자문하였다. "그가 나를 한 번도 만난 적이 없는데 나를 어떻게 알아볼까?"

왕에게는 세상이 단순하다는 것을 어린 왕자는 몰랐던 것이다. 왕에게는 모든 사람이 다 신하가 되는 것이다.

"좀더 자세히 볼 수 있도록 가까이 오거라." 이 왕은 자기가 모든 사람의 왕이라는 것을 뽐내려고 그렇게 말했다.

어린 왕자는 앉을 자리를 찾아보았지만, 그 별 전체가 왕의 위엄 있는 담비 가죽 옷으로 덮여 있었다. 그래서 어린 왕자는 서 있어야 했다. 그는 피곤하여 하품을 했다.

- **instruirse** 배우다, 학문을 얻다
- **púrpura** 자줏빛, 자홍색
- **armiño** 담비
- **trono** 옥좌, 왕좌
- **majestuoso** 장엄한, 당당한
- **divisar** 멀리 보이다, 눈에 띄다
- **súbdito** 신하, 부하
- **reconocer** 알아보다, 인정하다
- **ignorar** 모르고 있다, 알지 못하다
- **simplificar** 단순하게 하다
- **aproximarse** 가까이 가다
- **manto** 망토

—La etiqueta no permite bostezar en presencia del rey —le dijo el monarca—. Te lo prohíbo.

—No he podido evitarlo —respondió el principito muy confuso—, he hecho un viaje muy largo y apenas he dormido···

—Entonces —le dijo el rey— te ordeno que bostesces. Hace años que no veo bostezar a nadie. Los bostezos son para mí algo curioso. ¡Vamos, bosteza otra vez, te lo ordeno!

—Me da vergüenza··· ya no tengo ganas··· —dijo el principito enrojeciendo.

—¡Hum, hum! —respondió el rey—. ¡Bueno! Te ordeno tan pronto que bosteces y que no bosteces···

"왕의 어전에서 하품하는 것은 예의에 벗어난 짓이로다."라고 왕이 어린 왕자에게 말했다. "하품을 금지하노라."

"도저히 참을 수가 없습니다." 어린 왕자는 당황해서 대답을 했다. "저는 긴 여행을 했습니다. 게다가 잠도 자지 못했습니다."

"그렇다면 하품을 하도록 명하노라. 오랫동안 하품하는 것을 못 봤다. 하품하는 것이 참 재미있구나. 자, 하품을 하도록 하여라! 이것은 명령이니라!"

"너무 그러시면 부끄럽습니다. 이제 더 이상 하품을 할 수 없습니다." 어린 왕자는 얼굴을 붉히면서 말했다.

"허허, 그렇다면 짐이 명하노니 어떤 때는 하품을 하고, 어떤 때는 하품을 하지 말거라."

- **etiqueta** 예의, 예법
- **en presencia de** …의 면전에서
- **monarca** 군주, 왕
- **bostezo** 하품
- **vergüenza** 수치, 부끄러움

Tartamudeaba un poco y parecía vejado, pues el rey daba gran importancia a que su autoridad fuese respetada. Era un monarca absoluto, pero como era muy bueno, daba siempre órdenes razonables.

Si yo ordenara — decía frecuentemente —, si yo ordenara a un general que se transformara en ave marina y el general no me obedeciese, la culpa no sería del general, sino mía".

— ¿Puedo sentarme? — preguntó tímidamente el principito.
— Te ordeno sentarte — le respondió el rey, recogiendo majestuosamente un faldón de su manto de armiño.

El principito estaba sorprendido. Aquel planeta era tan pequeño que no se explicaba sobre quién podría reinar aquel rey.

— Señor — le dijo —, perdóneme si le pregunto···
— Te ordeno que me preguntes — se apresuró a decir el rey.
— Señor··· ¿sobre qué ejerce su poder?
— Sobre todo — contestó el rey con gran ingenuidad.
— ¿Sobre todo?

El rey, con un gesto sencillo, señaló su planeta, los otros planetas y las estrellas.

왕은 조금 말을 더듬었고 화가 난 것 같았다. 그 왕이 근본적으로 주장하고 있는 것은 자기의 권위가 항상 존경받아야 된다는 것이다. 절대 군주였던 것이다. 그러나 성품이 좋은 왕이었기에 항상 합리적인 명령을 내렸다.

왕은 자주 이렇게 말했다. "내가 한 장군에게 바닷새로 변하라고 명령한다면, 장군이 내 명령에 따르지 않는다 해도 그것은 장군의 잘못이 아니라 내 잘못이니라."

"앉아도 될까요?" 어린 왕자는 머뭇거리면서 말했다.
"앉도록 명령하노라." 왕은 어린 왕자에게 대답하고 담비 가죽 옷자락을 근엄하게 끌어당겼다.

어린 왕자는 놀랐다. 그 별은 너무 작아서 왕이 누구를 지배하는지 납득이 가지 않았다.

"폐하," 어린 왕자가 말했다. "외람되게 여쭈어 보는 것을 용서하십시오."
"질문하도록 하여라." 왕은 서둘러 대답했다.
"폐하, 무엇을 지배하십니까?"
"모든 것을 지배하지." 왕은 매우 간단하게 대답했다.
"모든 것을 지배하신다고요?"

왕은 자신의 별과 다른 모든 별들을 손으로 간단히 가리켰다.

- **tartamudear** 말을 더듬다
- **vejar** 애먹이다, 학대하다
- **autoridad** 권력, 권위
- **monarca absoluto** 절대 군주
- **general** 장군
- **ave marina** 바닷새
- **faldón** (옷, 커튼 등의) 자락
- **explicarse** 납득이 가다, 알아채다
- **reinar** 지배하다, 통치하다
- **apresurarse a** *inf.* 서둘러 …하다
- **ejercer** 수행하다
- **ingenuidad** 천진성, 순진함

— ¿Sobre todo eso? — volvió a preguntar el principito.
— Sobre todo eso··· — respondió el rey.

No era sólo un monarca absoluto, era, además, un monarca universal.

— ¿Y las estrellas le obedecen?
— ¡Naturalmente! — le dijo el rey —. Y obedecen en seguida, pues yo no tolero la indisciplina.

Un poder semejante dejó maravillado al principito. Si él disfrutara de un poder de tal naturaleza, hubiese podido asistir en el mismo día, no a cuarenta y tres, sino a setenta y dos, a cien, o incluso a doscientas puestas de sol, sin tener necesidad de arrastrar su silla. Y como se sentía un poco triste al recordar su pequeño planeta abandonado, se atrevió a solicitar una gracia al rey:

— Me gustaría ver una puesta de sol··· Deme ese gusto··· Ordénele al sol que se ponga···
— Si yo le diera a un general la orden de volar de flor en flor como una mariposa, o de escribir una tragedia, o de transformarse en ave marina y el general no ejecutase la orden recibida, ¿de quién sería la culpa, mía o de él?
— La culpa sería de usted — le dijo el principito con firmeza.

"모든 것을 지배하신다고요?" 어린 왕자가 다시 물었다.
"모든 것을 지배하지." 왕이 대답했다.

그는 절대 군주일뿐 아니라 우주 전체의 군주였다.

"그럼 저 별들이 폐하께 복종합니까?"
"물론이지!" 왕은 대답했다. "별들은 즉시 복종하지. 짐은 불복종을 용서하지 않는다."

그런 권력은 어린 왕자를 놀라게 하였다. 만약에 어린 왕자가 그런 절대적인 권력을 갖고 있다면, 왕자는 의자를 잡아끌 필요도 없이 단 하루 동안 마흔세 번이 아니라 일흔두 번, 백 번까지도, 혹은 이백 번까지도 해가 지는 것을 구경할 수 있을 것이라고 생각했다. 어린 왕자는 자기가 버리고 온 작은 별을 생각하면서 조금 슬퍼졌기 때문에, 용기를 내서 왕에게 자비를 청했다.

"저는 해가 지는 것을 보고 싶습니다. 제발 자비를 베풀어 주십시오. 해가 지도록 명령을 내려 주십시오."
"내가 만약 대장에게 나비처럼 이 꽃에서 저 꽃으로 날아다니라고 명령하거나, 한 편의 비극을 쓰라고 명령하거나, 바닷새로 변하라고 명령했는데 그 장군이 받은 명령을 이행하지 못한다면, 짐과 장군 중에서 누가 잘못한 것인가?"
"그야 폐하의 잘못이지요." 어린 왕자는 왕에게 확고하게 대답했다.

- **en seguida** 즉시
- **indisciplina** 규율 문란
- **maravillar** 놀라게 하다
- **disfrutar de** …을 향유하다
- **arrastrar** 질질 끌고 가다
- **atreverse a** 굳이 …하다
- **solicitar** 요청하다
- **tragedia** 비극
- **ejecutar** 실행하다
- **con firmeza** 확고히

—Exactamente. Sólo hay que pedir a cada uno, lo que cada uno puede dar—continuó el rey. La autoridad se apoya antes que nada en la razón. Si ordenas a tu pueblo que se tire al mar, el pueblo hará la revolución. Yo tengo derecho a exigir obediencia, porque mis órdenes son razonables.

—¿Entonces mi puesta de sol?—recordó el principito, que jamás olvidaba su pregunta una vez que la había formulado.

—Tendrás tu puesta de sol. La exigiré. Pero, según me dicta mi ciencia gobernante, esperaré que las condiciones sean favorables.

—¿Y cuándo será eso?

—¡Ejem, ejem!—le respondió el rey, consultando previamente un enorme calendario—, ¡ejem, ejem! será hacia⋯ hacia⋯ será hacia las siete cuarenta. Ya verás cómo se me obedece.

El principito bostezó. Lamentaba su puesta de sol frustrada y además se estaba aburriendo ya un poco.

—Ya no tengo nada que hacer aquí—le dijo al rey—. Me voy.

—No partas—le respondió el rey que se sentía muy orgulloso de tener un súbdito—, no te vayas y te hago ministro.

—¿Ministro de qué?

—¡De⋯ de justicia!

—¡Pero aquí no hay nadie a quien juzgar!

"맞아, 사람은 누구나 이행할 수 있는 것만을 요구해야 하느니라." 왕은 말을 이었다. "권력은 무엇보다도 합리적이어야 한다. 만약 네가 너의 국민에게 바닷물 속으로 뛰어들라고 명령한다면, 그들은 혁명을 일으킬 것이다. 내 명령이 합리적이기 때문에 나는 복종을 요구할 수 있는 권리가 있는 거야."

"그럼 해가 지는 것은요?" 왕자는 물었다. 그는 한번 한 질문은 결코 잊지 않았다.

"저녁 해를 볼 수 있을 거야. 그것을 명령을 하겠다. 그러나 나의 통치 철학에 따라 나는 조건이 좋아질 때까지 기다릴 것이다."

"그게 언제가 될까요?"

"어험! 어험!" 왕은 두꺼운 달력을 보면서 왕자에게 말했다. "어험! 어험!" 그것은 오늘… 오늘… 오늘 일곱시 사십분쯤이 될 것이다. 나에게 얼마나 복종을 잘 하는지 알게 될 것이다."

어린 왕자는 하품을 했다. 보고 싶었던 석양을 보지 못해 유감스러웠다. 게다가 좀 지루해졌다.

"저는 이 곳에서는 더 이상 할 일이 없습니다." 어린 왕자는 왕에게 말했다. "떠나겠습니다."

"가지 마라." 신하가 생겨 무척 자랑스럽게 생각하던 왕이 말했다. "가지 마라. 그럼 대신을 시켜 주지."

"무슨 대신을 말입니까?"

"무슨 대신… 법무 대신을 시켜 주마!"

"그러나 여기는 재판받을 사람이 없습니다!"

- **revolución** 혁명
- **formular** 표명하다, 만들다
- **exigir** 요구하다, 강요하다
- **dictar** 공포하다, 일러 주다
- **gobernante** 다스리는
- **lamentar** 슬퍼하다, 유감으로 생각하다
- **frustrar** 실패로 돌아가게 하다
- **ministro** 장관, 대신
- **justicia** 재판, 법관

—Eso no se sabe—le dijo el rey—. Nunca he recorrido todo mi reino. Estoy muy viejo y el caminar me cansa. Y como no hay sitio para una carroza...

—Pero yo ya he visto... —dijo el principito, que se inclinó para echar una ojeada al otro lado del planeta—. Allá abajo no hay nadie tampoco.

—Te juzgarás a ti mismo—le respondió el rey—. Es lo más difícil. Es mucho más difícil juzgarse a sí mismo que juzgar a los otros. Si consigues juzgarte rectamente es que eres un verdadero sabio.

—Yo puedo juzgarme a mí mismo en cualquier parte y no tengo necesidad de vivir aquí.

—¡Ejem, ejem! Creo—dijo el rey—que en alguna parte del planeta vive una rata vieja; yo la oigo por la noche. Tu podrás juzgar a esta rata vieja. La condenarás a muerte de vez en cuando. Su vida dependería de tu justicia y la indultarás en cada juicio para conservarla, ya que no hay más que una.

—A mí no me gusta condenar a muerte a nadie—dijo el principito—. Creo que me voy a marchar.

—No—dijo el rey.

Pero el principito, que habiendo terminado ya sus preparativos no quiso disgustar al viejo monarca, dijo:

— Si Vuestra Majestad deseara ser obedecido puntualmente, podría dar una orden razonable. Podría ordenarme, por ejemplo, partir antes de un minuto. Me parece que las condiciones son favorables...

"그거야 모르는 일이지." 왕이 어린 왕자에게 말했다. "나는 아직 나의 왕국을 모두 돌아보지 못했어. 나는 매우 늙었고 피곤해서 걸을 수도 없어. 그리고 마차를 세워 둘 장소도 없고…"

"그렇지만 저는 이미 보았습니다." 어린 왕자는 몸을 기울여 그 별의 다른 한쪽을 흘끗 바라보면서 말했다. "저 곳도 역시 아무도 없습니다."

"그럼 너 자신을 재판하면 되겠다." 왕이 대답했다. "그것은 가장 어려운 일이다. 다른 사람을 재판하는 것보다 자신을 재판하는 것이 훨씬 더 어렵지. 네가 너 자신을 공정하게 재판할 수 있다면 너는 참으로 현명한 사람일 것이다."

"저는 어떤 곳에서라도 저 자신을 재판할 수 있습니다. 그러니 저는 이 곳에 살 이유가 없습니다."

"음!" 왕이 말했다. "내가 알기로는 이 별 어딘가에 늙은 쥐 한 마리가 살고 있다. 밤에 쥐의 소리를 들었어. 너는 그 늙은 쥐를 재판할 수 있지. 가끔 그 쥐를 사형에 처하는 거야. 쥐의 운명은 너의 재판에 달려 있지. 그러나 그 쥐를 살려 두기 위하여 재판할 때마다 사면해 주는 거야. 한 마리밖에 없으니까."

"저는 아무에게도 사형을 내리기 싫습니다." 어린 왕자는 말했다. "떠나야 할 것 같습니다."

"안 돼!" 왕이 말했다.

그러나 준비를 마친 어린 왕자는 늙은 군주를 불쾌하게 하고 싶지 않았다. 왕에게 말했다.

"폐하께서 즉시 명령에 따르는 것을 원하신다면, 합당한 명령을 내리셔야 할 것입니다. 예를 들면, 저에게 일 분 안에 떠나라고 명령하실 수 있습니다. 제가 보기에는 조건이 좋아진 것 같습니다."

- **recorrer** 돌아보다
- **cansar** 피곤하게 하다
- **carroza** 호화 마차, 장식한 차
- **echar una ojeada** 흘끗 보다
- **sabio** 현명한, 박식한
- **condenar a muerte** 사형에 처하다
- **de vez en cuando** 이따금
- **indultar** 사면하다
- **conservar** 보존하다
- **preparativo** 준비
- **Vuestra Majestad** 폐하
- **puntualmente** 어김없이, 시간을 지켜

Como el rey no respondiera nada, el principito vaciló primero y con un suspiro emprendió la marcha.

— ¡Te nombro mi embajador! — se apresuró a gritar el rey. Tenía un aspecto de gran autoridad.

"Las personas mayores son muy extrañas", se decía el principito para sí mismo durante el viaje.

왕이 아무런 대답도 하지 않았기 때문에 어린 왕자는 잠시 주저했지만, 한숨을 쉬고는 출발했다.

"너를 나의 대사로 임명하겠다." 왕이 급히 소리쳤다. 왕은 여전히 권위로 가득 찬 모습이었다.

'어른들은 정말 이상해.' 어린 왕자는 여행을 하면서 자신에게 이렇게 말했다.

- **suspiro** 한숨, 탄식
- **emprender** 착수하다, 시작하다
- **nombrar** 임명하다
- **embajador** 대사

11

El segundo planeta estaba habitado por un vanidoso:

— ¡Ah! ¡Ah! ¡Un admirador viene a visitarme! — Gritó el vanidoso al divisar a lo lejos al principito.

Para los vanidosos todos los demás hombres son admiradores.

— ¡Buenos días! — dijo el principito —. ¡Qué sombrero tan raro tiene!
— Es para saludar a los que me aclaman — respondió el vanidoso. — Desgraciadamente nunca pasa nadie por aquí.
— ¿Ah, sí? — preguntó sin comprender el principito.
— Golpea tus manos una contra otra — le aconsejó el vanidoso.

El principito aplaudió y el vanidoso le saludó modestamente levantando el sombrero.

두 번째 별에는 우쭐거리는 사람이 살고 있었다.

"아! 아! 나를 찬양하는 사람이 오는군!" 우쭐거리는 사람은 어린 왕자가 멀리서 오는 것을 보고 소리쳤다.

우쭐거리는 사람들에게는 다른 사람들이 모두 자기를 찬미하는 사람으로 보인다.

"안녕하세요!" 어린 왕자가 말했다. "참 이상한 모자를 쓰셨군요!"
"나에게 갈채를 보내는 사람들에게 답례를 하기 위한 모자야." 우쭐거리는 사람이 말했다. "그런데 불행하게도 아무도 이리로 지나가지 않아."
"아, 그래요?" 어린 왕자는 아무것도 이해하지 못하고 물었다.
"손뼉을 쳐요." 우쭐거리는 사람이 어린 왕자에게 지시했다.
어린 왕자는 손뼉을 쳤고 우쭐거리는 사람은 모자를 들어 어린 왕자에게 공손하게 인사를 했다.

- **vanidoso** 우쭐거리는, 젠체하는
- **admirador** 칭찬하는 사람, 경탄자
- **saludar** 인사하다
- **aclamar** 갈채를 보내다, 추대하다
- **desgraciadamente** 유감스럽게도, 불행하게도
- **golpear** 두들기다, 때리다
- **aplaudir** 박수 갈채를 보내다

"Esto parece más divertido que la visita al rey", se dijo para sí el principito, que continuó aplaudiendo mientras el vanidoso volvía a saludarle quitándose el sombrero.

A los cinco minutos el principito se cansó con la monotonía de aquel juego.

— ¿Qué hay que hacer para que el sombrero se caiga? — preguntó el principito.

Pero el vanidoso no le oyó. Los vanidosos sólo oyen las alabanzas.

— ¿Tú me admiras mucho, verdad? — preguntó el vanidoso al principito.
— ¿Qué significa admirar?
— Admirar significa reconocer que yo soy el hombre más bello, el mejor vestido, el más rico y el más inteligente del planeta.
— ¡Si tú estás solo en tu planeta!
— ¡Hazme ese favor, admírame de todas maneras!
— ¡Bueno! Te admiro — dijo el principito encogiéndose de hombros —, pero ¿para qué te sirve?

Y el principito se marchó.

"Decididamente, las personas mayores son muy extrañas", se decía para sí el principito durante su viaje.

'왕을 방문했을 때보다 더 재미있는데'라고 어린 왕자는 속으로 말하고는 계속 박수를 쳤고 그 사나이는 모자를 벗고 어린 왕자에게 인사를 했다.

오분 동안 박수를 친 어린 왕자는 그 단조로운 놀이에 싫증이 났다.

"어떻게 하면 모자를 떨어뜨릴 수 있나요?" 어린 왕자가 물었다.

그러나 우쭐거리는 사나이는 그 말을 듣지 못했다. 우쭐거리는 사람들은 단지 칭찬하는 말만 듣는다.

"너는 나를 매우 찬미하지?" 그 남자가 어린 왕자에게 물었다.
"찬미한다는 것이 무엇인가요?"
"찬미한다는 것은 이 별에서 내가 가장 잘생긴 사람이고, 가장 옷을 잘 입고, 가장 부유하고, 가장 똑똑한 사람이라는 것을 인정하는 것이지."
"그러나 이 별에는 당신 혼자뿐인데요!"
"부탁이야. 어쨌든 나를 찬미해 줘!"
"그래요! 당신을 찬미해요." 어린 왕자는 어깨를 으쓱해 보이며 말했다. "그러나 그게 무슨 소용이 있나요?

그리고 어린 왕자는 떠났다.

'어른들은 정말 이상하단 말이야.' 어린 왕자는 여행을 하면서 혼자 이렇게 말했다.

- **divertido** 즐거운, 재미있는
- **monotonía** 단조로움
- **alabanza** 칭찬, 찬사
- **significar** 의미하다
- **vestir** 입히다, 복장을 하다
- **escogerse de hombros** (싫어서) 어깨를 움칫하다
- **decididamente** 굳게 마음먹고, 단단히

El planeta siguiente estaba habitado por un bebedor. Fue una visita muy corta, pues hundió al principito en una gran melancolía.

—¿Qué haces ahí? —preguntó al bebedor que estaba sentado en silencio ante un sinnúmero de botellas vacías y otras tantas botellas llenas.

12

그 다음 별에는 술고래가 살고 있었다. 짧은 일정의 방문이었지만, 어린 왕자는 무척 실망했다.

"여기서 뭘 하고 있지요?" 어린 왕자는 술고래에게 물었다. 그는 빈 술병과 술이 가득한 병을 수북히 쌓아 놓고 조용히 앉아 있었다.

- **bebedor** 주정뱅이, 잘 마시는
- **hundir** 가라앉히다
- **vacío** 텅 빈
- **lleno** 가득한

— ¡Bebo! — respondió el bebedor con tono lúgubre.

— ¿Por qué bebes? — volvió a preguntar el principito.

— Para olvidar.

— ¿Para olvidar qué? — inquirió el principito ya compadecido.

— Para olvidar que siento vergüenza — confesó el bebedor bajando la cabeza.

— ¿Vergüenza de qué? — se informó el principito deseoso de ayudarle.

— ¡Vergüenza de beber! — concluyó el bebedor, que se encerró definitivamente en el silencio.

Y el principito, perplejo, se marchó.

"No hay la menor duda de que las personas mayores son muy extrañas", seguía diciéndose para sí el principito durante su viaje.

"술을 마시고 있지." 술고래는 침울한 말투로 말했다.

"왜 술을 마시나요?" 어린 왕자는 다시 물었다.

"잊어 버리기 위해서."

"무엇을 잊기 위해서요?" 그에게 동정심을 느낀 어린 왕자는 물었다.

"내가 부끄러워하는 것을 잊기 위해서야." 술고래는 고개를 숙이며 고백했다.

"무엇이 부끄러운가요" 어린 왕자는 그를 도와 주고 싶어서 계속 물었다.

"술 마시는 것이 부끄럽지!" 술고래는 이렇게 결론짓고는 결국 침묵 속으로 빠졌다.

어린 왕자는 당혹스러워하다가 그 곳을 떠났다.

"정말이지 어른들은 너무 이상해." 어린 왕자는 이렇게 말하면서 여행을 계속했다.

- **lúgubre** 침울한, 음산한
- **inquirir** 조사하다, 문의하다
- **compadecer** 불쌍히 여기다, 동정하다
- **vergüenza** 수치, 창피
- **confesar** 고백하다
- **encerrarse** 틀어박히다
- **definitivamente** 최종적으로, 결정적으로
- **perplejo** 당혹한, 어찌할 바를 모르는
- **no hay la menor duda** 의심의 여지가 없다

El cuarto planeta estaba ocupado por un hombre de negocios. Este hombre estaba tan abstraído que ni siquiera levantó la cabeza a la llegada del principito.

— ¡Buenos días! — le dijo este —. Su cigarro se ha apagado.

— Tres y dos cinco. Cinco y siete doce. Doce y tres quince. ¡Buenos días! Quince y siete veintidós. Veintidós y seis veintiocho. No tengo tiempo de encenderlo. Veintiocho y tres treinta y uno. ¡Uf! Esto suma quinientos un millones seiscientos veintidós mil setecientos treinta y uno.

13

 네 번째 행성은 사업가가 살고 있는 별이었다. 이 사람은 자기 일에 몰두해 있어 어린 왕자가 도착했을 때 고개조차 들지 않았다.

 "안녕하세요." 어린 왕자가 말했다. "담뱃불이 꺼졌네요."

 "셋 더하기 둘은 다섯, 다섯 더하기 일곱은 열둘, 열둘 더하기 셋은 열다섯. 안녕! 열다섯 더하기 일곱은 스물둘. 스물둘 더하기 여섯은 스물여덟, 다시 담뱃불을 붙일 시간이 없군. 스물여덟 더하기 셋은 서른하나. 야! 이제 오억일백육십이만이천칠백서른하나가 되었군."

- **negocio** 거래, 사업
- **abstraído** 전념한, 초월한
- **llegada** 도착, 당도
- **cigarro** 여송연
- **suma** 합계, 총계

— ¿Quinientos millones de qué?

— ¿Eh? ¿Estás ahí todavía? Quinientos millones de… ya no sé… ¡He trabajado tanto! ¡Yo soy un hombre serio y no me entretengo en tonterías! Dos y cinco siete…

— ¿Quinientos millones de qué? — volvió a preguntar el principito, que nunca en su vida había renunciado a una pregunta una vez que la había formulado.

El hombre de negocios levantó la cabeza:

— Desde hace cincuenta y cuatro años que habito este planeta, sólo me han molestado tres veces. La primera, hace veintidós años, fue por un abejorro que había caído aquí de Dios sabe dónde. Hacía un ruido insoportable y me hizo cometer cuatro errores en una suma. La segunda vez por una crisis de reumatismo, hace once años. Yo no hago ningún ejercicio, pues no tengo tiempo de callejear. Soy un hombre serio. Y la tercera vez… ¡la tercera vez es esta! Decía, pues, quinientos un millones…

— ¿Millones de qué?

El hombre de negocios comprendió que no tenía ninguna esperanza de que lo dejaran en paz.

— Millones de esas pequeñas cosas que algunas veces se ven en el cielo.

— ¿Moscas?

— ¡No, cositas que brillan!

— ¿Abejas?

"오억 얼마라고요?"

"어? 아직도 거기 있었니? 오억… 모르겠군. 나는 열심히 일했어! 나는 난 지금 중요한 일을 하고 있다고! 나는 쓸데없는 일로 허송할 수 없어. 둘 더하기 다섯은 일곱…"

"오억 얼마라고요?" 어린 왕자는 다시 물었다. 그는 평생 한번 한 질문을 포기한 적이 전혀 없었다.

사업가는 고개를 들었다.

"오십사년 동안 이 별에서 살아 오면서 일에 방해받은 적은 딱 세 번밖에 없었지. 첫 번째는 이십이년 전에 땅벌이 어디선가 날아와 떨어졌을 때였지. 그 땅벌의 참을 수 없는 소리 때문에 나는 덧셈을 네 번이나 틀렸지. 두 번째는 십일년 전에 류머티스에 걸렸을 때였지. 나는 운동을 전혀 하지 않아. 왜냐하면 쓸데없이 돌아다닐 시간이 없거든. 난 중요한 일을 하는 사람이야. 그리고 세 번째는… 세 번째가 바로 지금이야! 내가 오억 일백만이라고 했지."

"몇 백만이라고요?"

사업가는 조용히 일할 가능성이 없겠다는 생각이 들었다.

"때때로 하늘에서 보이는 수백만 개의 작은 물체들 말이야."

"파리요?"

"아니. 반짝반짝 빛나는 물체들 말이야."

"그럼 벌 말인가요?"

- **entretenerse** 즐기다, 향락하다
- **tontería** 바보, 공연한 헛일
- **renunciar** 포기하다, 체념하다
- **molestar** 괴롭히다, 귀찮게 하다
- **abejorro** 땅벌
- **insoportable** 참을 수 없는
- **cometer** 범하다, 저지르다
- **reumatismo** 류머티스
- **callejear** 길을 어정거리다
- **dejar en paz** 조용히 내버려 두다
- **mosca** 파리
- **abeja** 꿀벌

—No. Unas cositas doradas que hacen desvariar a los holgazanes. ¡Yo soy un hombre serio y no tengo tiempo de desvariar!

—¡Ah! ¿Estrellas?

—Eso es. Estrellas.

—¿Y qué haces tú con quinientos millones de estrellas?

—Quinientos un millones seiscientos veintidós mil setecientos treinta y uno. Yo soy un hombre serio y exacto.

—¿Y qué haces con esas estrellas?

—¿Que qué hago con ellas?

—Sí.

—Nada. Las poseo.

—¿Que las estrellas son tuyas?

—Sí.

—Yo he visto un rey que···

—Los reyes no poseen nada··· Reinan. Es muy diferente.

—¿Y de qué te sirve poseer las estrellas?

—Me sirve para ser rico.

—¿Y de qué te sirve ser rico?

—Me sirve para comprar más estrellas si alguien las descubre.

"Éste, se dijo a sí mismo el principito, razona poco más o menos como mi borracho".

No obstante, le siguió preguntando :

—¿Y cómo es posible poseer estrellas?

"아니. 게으름뱅이에게 헛된 꿈을 꾸게 하는 조그마한 금빛 물체 말이야. 나는 중요한 일을 하고 있어서 헛된 꿈을 꿀 시간이 없지."
"아! 별을 말하는 거예요?"
"그래, 맞아."
"그럼 오억 개의 별을 갖고 뭘 하는 건가요?"
"오억일백육십이만이천칠백서른한 개야. 나는 중요한 일을 하고 나는 정확한 사람이야."
"그 별을 갖고 무엇을 할 건가요?"
"그것을 갖고 무엇을 할 거냐고?"
"네."
"아무것도 하지 않아. 그것을 소유할 뿐이지."
"그 별들이 당신 것이라고요?"
"그래."
"나는 어떤 왕을 만났는데…"
"왕은 아무것도 소유하지 않아. 지배할 뿐이지. 매우 다른 것이지."
"그럼 별을 소유하면 무슨 소용이 있나요?"
"부자가 되는 데 필요하지."
"부자가 되면 무엇이 좋은가요?"
"누가 별을 발견하게 되면 그 별을 더 살 수 있지."

'이 사람도 내가 만났던 술주정뱅이처럼 말하는구나.' 라고 어린 왕자는 속으로 말했다.

그럼에도 불구하고 그에게 계속 질문을 했다.

"어떻게 별을 소유할 수 있지요?"

- **desvariar** 헛소리를 하다
- **holgazán** 나태한 사람
- **exacto** 정확한
- **razonar** 이야기하다, 추론하다
- **borracho** 주정뱅이

—¿De quién son las estrellas? —contestó punzante el hombre de negocios.

—No sé... De nadie.

—Entonces son mías, puesto que he sido el primero a quien se le ha ocurrido la idea.

—¿Y eso basta?

—Naturalmente. Si encuentras un diamante que no es de nadie, el diamante es tuyo. Si encontrarás una isla que a nadie pertenece, la isla es tuya. Si eres el primero en tener una idea y la haces patentar, nadie puede aprovecharla: es tuya. Las estrellas son mías, puesto que nadie, antes que yo, ha pensado en poseerlas.

—Eso es verdad —dijo el principito— ¿y qué haces con ellas?

—Las administro. Las cuento y las recuento una y otra vez —contestó el hombre de negocios—. Es algo difícil. ¡Pero yo soy un hombre serio!

El principito no quedó del todo satisfecho.

—Si yo tengo una bufanda, puedo ponérmela al cuello y llevármela. Si soy dueño de una flor, puedo cortarla y llevármela también. ¡Pero tú no puedes llevarte las estrellas!

—Pero puedo depositarlas en el banco.

—¿Qué quiere decir eso?

—Quiere decir que escribo en un papel el número de estrellas que tengo y guardo bajo llave en un cajón ese papel.

"도대체 별이 누구 것이라는 거야?" 사업가는 날카롭게 대답했다.
"몰라요. 누구의 소유도 아니죠."
"그럼 내 것이지. 별을 소유하기로 생각한 첫 번째 사람이 나였으니까."
"생각만으로 충분한가요?"
"물론이지. 네가 주인이 없는 다이아몬드를 발견한다면 그건 네 것이지. 네가 주인이 없는 섬을 발견한다면 그 섬도 네 것이지. 네가 누구보다도 먼저 아이디어를 생각해 낸다면, 너는 그 아이디어로 특허를 낼 수 있게 되어 어느 누구도 그것을 이용할 수 없지. 너만의 것이지. 어느 누구도 나보다 먼저 별을 자기 것이라고 생각하지 못했으니까 별은 나의 것이지."
"그건 맞아요." 어린 왕자가 말했다. "별을 갖고 무엇을 할 거예요?"
"별을 관리하는 거야. 계산하고 또 계산하는 거야." 사업가가 대답했다. "어려운 일이지. 하지만 난 중요한 일을 하는 사람이니까."

어린 왕자는 만족스럽지 않았다.

"내가 머플러를 갖고 있다면 그것을 목에 두르고 다닐 수 있지요. 꽃이 내 것이라면 그 꽃도 꺾어서 갖고 다닐 수 있지요. 그러나 당신은 별을 따서 가질 수는 없잖아요!"
"하지만 나는 은행에 맡길 수 있지."
"그게 무슨 말이지요?"
"내가 갖고 있는 별의 숫자를 종이에 써서 그 종이를 서랍 속에 넣고 자물쇠로 잠가 두는 것이지."

- **punzante** 찌르는(듯한)
- **diamante** 다이아몬드
- **pertenecer a** …에 속하다
- **patentar** 특허를 받다
- **administrar** 관리하다, 경영하다
- **bufanda** 머플러, 목도리
- **depositar** 예금하다, 보관하다
- **guardar** 보존하다
- **cajón** 서랍, 큰 상자

—¿Y eso es todo?
—¡Es suficiente!

"Es divertido", pensó el principito. "Es incluso bastante poético. Pero no es muy serio".

El principito tenía sobre las cosas serias ideas muy diferentes de las ideas de las personas mayores.

—Yo —dijo aún— tengo una flor a la que riego todos los días; poseo tres volcanes a los que deshollino todas las semanas, pues también me ocupo del que está extinguido; nunca se sabe lo que puede ocurrir. Es útil, pues, para mis volcanes y para mi flor que yo las posea. Pero tú, tú no eres nada útil para las estrellas...

El hombre de negocios abrió la boca, pero no encontró respuesta.

El principito abandonó aquel planeta.

"Las personas mayores, decididamente, son extraordinarias", se decía a sí mismo con sencillez durante el viaje

"그것뿐인가요?"
"그것으로 충분하지!"

'재미있군.' 어린 왕자는 생각했다. '매우 시적인 것이긴 한데 별로 중요한 일은 아니군.'

어린 왕자가 중요한 일이라고 생각한 것은 어른들의 생각과는 매우 달랐다.

"나는 꽃을 갖고 있어요." 어린 왕자는 계속 말했다. "나는 매일 꽃에 물을 주지요. 화산도 세 개나 갖고 있어서 매주 청소를 하지요. 사화산 또한 청소를 하지요. 언제 폭발할지 모르니까요. 나는 화산과 꽃을 갖고 있으므로 화산이나 꽃에 조금은 도움이 되지요. 그러나 당신은 별들에게 아무 도움이 되지 않아요."

사업가는 입을 열었지만, 대답을 할 수 없었다.

어린 왕자는 그 별을 떠났다.

'어른들은 이상하단 말이야.' 어린 왕자는 자신에게 천진스럽게 말하고 여행을 계속했다.

● **poético** 시적인   ● **sencillez** 단순, 소박
● **abandonar** 저버리다, 포기하다

El quinto planeta era muy curioso. Era el más pequeño de todos, pues apenas cabían en él un farol y el farolero que lo habitaba. El principito no lograba explicarse para qué servirían allí, en el cielo, en un planeta sin casas y sin población un farol y un farolero. Sin embargo, se dijo a sí mismo:

"Este hombre, quizás, es absurdo. Sin embargo, es menos absurdo que el rey, el vanidoso, el hombre de negocios y el bebedor. Su trabajo, al menos, tiene sentido. Cuando enciende su farol, es igual que si hiciera nacer una estrella más o una flor y cuando lo apaga hace dormir a la flor o a la estrella. Es una ocupación muy bonita y por ser bonita es verdaderamente útil".

Cuando llegó al planeta saludó respetuosamente al farolero:

— ¡Buenos días! ¿Por qué acabas de apagar tu farol?
— Es la consigna — respondió el farolero —. ¡Buenos días!
— ¿Y qué es la consigna?
— Apagar mi farol. ¡Buenas noches! Y encendió el farol.
— ¿Y por qué acabas de volver a encenderlo?

14

 다섯 번째의 별은 매우 이상했다. 이 별은 모든 별 중에서 가장 작은 별이었다. 이 별은 가로등 하나와 그 곳에 사는 가로등을 켜는 가로등지기 한 사람이 서 있을 만한 크기의 별이었다. 하늘의 어느 한 곳, 집도 없고 사람도 없는 별 위에서 가로등과 가로등지기가 무슨 필요가 있는지 어린 왕자는 납득할 수가 없었다. 그럼에도 불구하고 어린 왕자는 자신에게 이렇게 말했다.

 '이 사람도 아마 어리석은 사람이겠구나. 그렇지만 내가 만났던 왕, 우쭐거리는 사람, 사업가, 그리고 술고래처럼 그렇게 어리석지는 않겠지. 적어도 이 사람의 일에는 어떤 뜻이 있는 것 같아. 그가 가로등에 불을 켜는 것은 별을 하나 더 빛나게 하거나, 아니면 꽃을 한 송이 더 피게 하는 것과 같은 거야. 그가 불을 끄면 별이나 꽃을 잠재우는 것이지. 그것은 매우 아름다운 직업이야. 그리고 그 일은 아름답기 때문에 정말 유익한 일이야.'

 어린 왕자는 별에 도착하자 가로등지기에게 공손하게 인사했다.

 "안녕하세요. 왜 방금 가로등을 끄셨나요?"
 "그건 명령이야." 그가 말했다. "안녕."
 "어떤 명령인데요?"
 "가로등을 끄라는 명령이지. 잘 자." 그리고 그는 가로등을 켰다.
 "그런데 방금 왜 다시 불을 켰어요?"

- **curioso** 신기한
- **caber** 들어가다
- **farol** 가로등
- **farolero** 가로등지기
- **población** 인구
- **absurdo** 어리석은, 바보스러운
- **al menos** 적어도
- **ocupación** 업무, 일
- **respetuosamente** 공손히
- **consigna** 명령, 수칙

Tengo un oficio terrible.

— Es la consigna.
— No lo comprendo — dijo el principito.
— No hay nada que comprender — dijo el farolero —. La consigna es la consigna. ¡Buenos días!

Y apagó su farol.

Luego se enjugó la frente con un pañuelo de cuadros rojos.

— Mi trabajo es algo terrible. Antes era razonable; apagaba el farol por la mañana y lo encendía por la tarde. Tenía el resto del día para reposar y el resto de la noche para dormir.

"명령이야."
"이해할 수가 없군요." 어린 왕자가 말했다.
"이해 못할 것도 없어." 그가 말했다. "명령은 명령이니까. 안녕."

그리고 그는 가로등을 껐다.

그리고 그는 붉은 사각무늬의 손수건으로 이마를 닦았다.

"나의 직업은 매우 힘이 들어. 그 전에는 그래도 이치에 맞았지. 아침에 불을 끄고 밤에 불을 켜는 일이었으니까. 낮에는 휴식을 취하고 밤에는 잠을 잤었지."

- **enjugarse** (자신의 몸을) 닦다, 훔치다
- **pañuelo** 손수건
- **cuadro** 사각, 네모진 것
- **reposar** 휴식하다, 잠들다

—¿Y luego cambiaron la consigna?

—Esa es la tragedia, que la consigna no ha cambiado —dijo el farolero—. El planeta gira cada vez más de prisa de año en año y la consigna sigue siendo la misma.

—¿Y entonces? —dijo el principito.

—Como el planeta da ahora una vuelta completa cada minuto, yo no tengo un segundo de reposo. Enciendo y apago una vez por minuto.

—¡Eso es raro! ¡Los días sólo duran en tu tierra un minuto!

—No es raro en absoluto —dijo el farolero—. Hace ya un mes que tú y yo estamos hablando.

—¿Un mes?

—Sí, treinta minutos. ¡Treinta días! ¡Buenas noches!

Y volvió a encender su farol.

El principito lo miró y le gustó este farolero que tan fielmente cumplía la consigna. Recordó las puestas de sol que en otro tiempo iba a buscar arrastrando su silla. Quiso ayudarle a su amigo.

—¿Sabes? Yo conozco un medio para que descanses cuando quieras···

—Yo quiero descansar siempre —dijo el farolero.

Se puede ser a la vez fiel y perezoso.

El principito prosiguió:

"그럼 그 후에 명령이 바뀌었나요?"

"명령이 바뀌지 않았으니 그게 비극이지." 가로등지기가 말했다. "별은 해마다 더 빨리 도는데 명령은 변하지 않는단 말이야."

"그래서요?" 어린 왕자가 물었다.

"그러니까 지금은 별이 일 분마다 한 바퀴 도니까 나는 잠시도 쉴 틈이 없지. 나는 일 분마다 번갈아 불을 켰다 껐다 해야만 하니까 말이야."

"그것 참 이상하군요. 이 별에서는 일 분이 하루라니!"

"전혀 이상할 것 없어." 그가 말했다. "우리가 지금 얘기하는 동안에 한 달이 지났어."

"한 달이라고요?"

"그래, 삼십 분. 즉 삼십 일이지. 잘 자."

그는 다시 가로등을 켰다.

어린 왕자는 그를 바라보면서 명령을 그토록 충실하게 수행하는 가로등지기가 좋아졌다. 지난날에 의자를 잡아당기면서 보려고 했던 저녁 해가 생각났다. 그래서 어린 왕자는 그를 도와 주고 싶었다.

"당신이 쉬고 싶을 때 쉴 수 있는 방법을 알고 있는데…"

"나는 항상 쉬고 싶어." 가로등지기가 말했다.

사람은 누구나 동시에 충실해질 수도 있고 게을러질 수도 있다.

어린 왕자는 계속 말했다.

- **girar** 회전하다, 돌다
- **de prisa** 급하게
- **dar una vuelta** 한바퀴 돌다
- **reposo** 휴식, 안정
- **en absoluto** 절대로
- **fielmente** 충실하게, 정확히
- **cumplir** 완수하다
- **medio** 방법, 수단
- **descansar** 휴식하다
- **proseguir** 계속해서 하다

—Tu planeta es tan pequeño que puedes darle la vuelta en tres zancadas. No tienes que hacer más que caminar muy lentamente para quedar siempre al sol. Cuando quieras descansar, caminarás… y el día durará tanto tiempo cuanto quieras.

—Con eso no adelanto gran cosa —dijo el farolero—, lo que a mí me gusta en la vida es dormir.

—No es una suerte —dijo el principito.

—No, no es una suerte —replicó el farolero—. ¡Buenos días!

Y apagó su farol.

Mientras el principito proseguía su viaje, se iba diciendo para sí: "Éste sería despreciado por los otros, por el rey, por el vanidoso, por el bebedor, por el hombre de negocios. Y, sin embargo, es el único que no me parece ridículo, quizás porque se ocupa de otra cosa y no de sí mismo".

Lanzó un suspiro de pena y continuó diciéndose: "Es el único de quien pude haberme hecho amigo. Pero su planeta es demasiado pequeño y no hay lugar para dos…"

Lo que el principito no se atrevía a confesarse, era que la causa por la cual lamentaba no quedarse en este bendito planeta se debía a las mil cuatrocientas cuarenta puestas de sol que podría disfrutar cada veinticuatro horas.

"당신의 별은 매우 작기 때문에 세 발짝이면 한 바퀴를 돌 수 있어요. 항상 태양 옆에 있으려면 매우 천천히 걷기만 하면 되지요. 당신이 쉬고 싶을 때는 걸음을 걸어 봐요. 그러면 당신이 원하는 대로 낮이 오랫동안 지속될 거예요."
"그건 나에게 별 도움이 되지 않아." 가로등지기가 말했다. "내 생활에서 내가 원하는 것은 잠을 자는 거야."
"거 참 안됐군요." 어린 왕자가 말했다.
"나는 운이 없어." 가로등지기가 대답했다. "안녕."

그리고는 불을 껐다.

어린 왕자는 여행을 계속하면서 자신에게 말했다. '저 사람은 다른 모든 사람들로부터 무시당할 거야. 그 왕, 그 우쭐거리는 사람, 술고래, 또 사업가에게서도 무시당할 거야. 그러나 내가 보기에는 유일하게 조롱거리가 아니야. 자기 자신을 제쳐놓고 일만 하기 때문일 거야.'

어린 왕자는 유감스러운 듯이 한숨을 쉬고 계속 이렇게 말했다. "나는 저 사람하고만 친구가 될 수 있어. 그러나 그의 별은 너무 작아. 두 사람이 있을 장소도 없는 별이니 말이야."

어린 왕자가 축복받은 별을 떠나 온 것이 아쉬웠던 이유는 스물네 시간마다 천사백마흔 번이나 석양을 볼 수 있었기 때문인데, 그것이 어린 왕자가 차마 고백하지 못한 것이었다.

- **zancada** 발을 크게 벌려서 걸음
- **despreciar** 멸시하다, 천대하다
- **ridículo** 야유, 조롱거리
- **ocuparse de** …에 종사하다, 신경을 쓰다
- **atreverse a** *inf.* 굳이 …하다
- **bendito** 축복 받은, 행복한

15

El sexto planeta era diez veces más grande. Estaba habitado por un anciano que escribía grandes libros.

— ¡Anda, un explorador! — exclamó cuando divisó al principito.

Este se sentó a la mesa y reposó un poco. ¡Había viajado ya tanto!

— ¿De dónde vienes tú? — le preguntó el anciano.
— ¿Qué libro es ese tan grande? — preguntó a su vez el principito —. ¿Qué hace usted aquí?
— Soy geógrafo — dijo el anciano.
— ¿Y qué es un geógrafo?

여섯 번째 별은 열 배나 더 큰 별이었다. 이 별에는 커다란 책을 쓰고 있는 노인이 살고 있었다.

"오! 탐험가가 오는군!" 노인은 어린 왕자가 오는 것을 보고 외쳤다.

어린 왕자는 테이블에 앉아 잠시 쉬었다. 그는 매우 먼 거리를 여행했던 것이다!

"어디서 왔지?" 노인이 어린 왕자에게 물었다.
"그 커다란 책은 무엇인가요?" 어린 왕자가 물었다. "여기서 뭘 하고 계세요?"
"나는 지리학자야." 노인이 말했다.
"지리학자가 뭔데요?"

- **anciano** 노인
- **explorador** 탐험가
- **reposar** 휴식하다, 쉬다
- **geógrafo** 지리학자

—Es un sabio que sabe dónde están los mares, los ríos, las ciudades, las montañas y los desiertos.

—Eso es muy interesante —dijo el principito—. ¡Y es un verdadero oficio!

Dirigió una mirada a su alrededor sobre el planeta del geógrafo; nunca había visto un planeta tan majestuoso.

—Es muy hermoso su planeta. ¿Hay océanos aquí?

—No puedo saberlo —dijo el geógrafo.

—¡Ah! —El principito se sintió decepcionado—. ¿Y montañas?

—No puedo saberlo —repitió el geógrafo.

—¿Y ciudades, ríos y desiertos?

—Tampoco puedo saberlo.

—¡Pero usted es geógrafo!

—Exactamente —dijo el geógrafo—, pero no soy explorador. Carezco absolutamente de explorador. El geógrafo no puede estar de acá para allá contando las ciudades, los ríos, las montañas, los océanos y los desiertos; es demasiado importante para deambular por ahí. Se queda en su despacho y allí recibe a los exploradores. Les interroga y toma nota de sus informes. Si los informes de alguno de ellos le parecen interesantes, manda hacer una investigación sobre la moralidad del explorador.

—¿Para qué?

—Un explorador que mintiera sería una catástrofe para los libros de geografía. Y también lo sería un explorador que bebiera demasiado.

—¿Por qué? —preguntó el principito.

"지리학자는 바다, 강, 도시, 산, 그리고 사막이 어디에 있는지 알고 있는 학자란다."

"그것 참 재미있군요." 어린 왕자가 말했다. "확실한 직업이군요!"

어린 왕자는 지리학자의 별을 둘러보았다. 이 별은 어린 왕자가 본 별 중에서 가장 장엄하고 위엄 있는 별이었다.

"당신의 별은 정말 아름답군요." 어린 왕자가 말했다. "바다도 있나요?"
"모르겠는데." 지리학자는 말했다.
"아!" 어린 왕자는 실망했다. "그럼 산은 있나요?"
"모르겠는데." 지리학자는 반복해 말했다.
"그럼 도시, 강, 그리고 사막은 있나요?"
"그것도 모르겠는데."
"당신은 지리학자라고 했잖아요!"
"그건 맞아." 지리학자는 말했다. "그러나 나는 탐험가가 아니고 나에게는 탐험가가 없어. 지리학자는 여기저기 다니면서 도시, 강, 산, 바다, 사막 등의 수를 세지 않아. 지리학자는 중요한 일이 너무 많아서 그런 곳을 돌아다닐 수가 없지. 지리학자는 서재에 있어야 하고, 거기서 탐험가를 맞아들여, 그에게 여러 가지 질문을 하여 그들이 말하는 것을 기록해 두지. 누군가가 말한 것이 흥미롭다면, 그 탐험가의 도덕성에 대하여 조사를 하게 하지."

"왜 그렇게 하지요?"
"만일 탐험가가 거짓말을 한다면 지리책이 엉망이 될 테니까 말이야. 그래서 술을 너무 많이 마시는 탐험가도 조사를 받게 되지."
"그건 왜요?" 어린 왕자가 물었다.

- **desierto** 사막
- **dirigir** 향하다, 돌리다
- **océano** 대양, 바다
- **carecer de** …이 없다
- **deambular** 쏘다니다, 산보하다
- **despacho** 서재, 사무실
- **interrogar** 질문하다
- **tomar nota** 필기하다
- **investigación** 조사, 연구
- **moralidad** 도덕관, 도의심

— Porque los borrachos ven doble y el geógrafo pondría dos montañas donde sólo habría una.

— Conozco a alguien — dijo el principito —, que sería un mal explorador.

— Es posible. Cuando se está convencido de que la moralidad del explorador es buena, se hace una investigación sobre su descubrimiento.

— ¿Se va a ver?

— No, eso sería demasiado complicado. Se exige al explorador que suministre pruebas. Por ejemplo, si se trata del descubrimiento de una gran montaña, se le pide que traiga grandes piedras.

Súbitamente el geógrafo se sintió emocionado:

— Pero··· ¡tú vienes de muy lejos! ¡Tú eres un explorador! Vas a describirme tu planeta.

Y el geógrafo abriendo su registro afiló su lápiz. Los relatos de los exploradores se escriben primero con lápiz. Se espera que el explorador presente sus pruebas para pasarlos a tinta.

— ¿Y bien? — interrogó el geógrafo.

— ¡Oh! Mi tierra — dijo el principito — no es interesante, todo es muy pequeño. Tengo tres volcanes, dos en actividad y uno extinguido; pero nunca se sabe···

— No, nunca se sabe — dijo el geógrafo.

— Tengo también una flor.

— De las flores no tomamos nota.

"술 취한 사람은 사물을 두 개로 보거든. 그러면 지리학자는 하나밖에 없는 산을 두 개라고 기록하게 된단 말이야."

"저도 나쁜 탐험가가 될 가능성이 있는 사람을 알고 있어요." 어린 왕자가 말했다.

"그럴 가능성은 있지. 그러니 탐험가가 양심적인 사람이라고 납득하였을 때라도 그가 발견한 것을 조사해 봐야 해."

"그것을 보러 간다고요?"

"아니야. 그건 너무 복잡한 일이야. 탐험가에게 증거를 제시하라고 요구하는 거야. 예를 들면, 큰 산을 발견하게 되면 그 산에서 큰 돌을 가져오게 하는 거야."

지리학자는 갑자기 흥분했다.

"그런데 넌 매우 멀리서 왔구나! 너는 탐험가야! 너의 별에 대하여 설명해 다오."

그리고 지리학자는 기록장을 열고 연필을 깎았다. 탐험가의 이야기는 처음에는 연필로 쓴다. 탐험가가 증거를 제시하면 그 때서야 잉크로 쓰게 되는 것이다.

"어떤가?" 지리학자가 질문했다.

"아! 내 별이요?" 어린 왕자가 말했다. "흥미로운 곳이 아니에요. 모든 것이 매우 작아요. 세 개의 화산이 있는데, 그 중 두 개는 활화산이고 하나는 사화산이에요. 그러나 언제 폭발할지 모르죠."

"그래, 결코 알 수 없지." 지리학자가 말했다.

"꽃도 한 송이 있어요."

"꽃에 대해서는 기록하지 않아."

- **convencerse de** …을 납득하다, 알아채다
- **descubrimiento** 발견
- **exigir** 요청하다
- **suministrar** 공급하다, 제공하다
- **prueba** 증거, 증명
- **súbitamente** 갑자기
- **describir** 묘사하다, 그리다
- **afilar** 깎다, 끝을 뾰족하게 하다
- **relato** 이야기, 대화
- **tinta** 잉크

— ¿Por qué? ¡Son lo más bonito!

— Porque las flores son efímeras.

— ¿Qué significa "efímero"?

— Las geografías — dijo el geógrafo — son los libros más preciados e interesantes; nunca pasan de moda. Es muy raro que una montaña cambie de sitio o que un océano quede sin agua. Los geógrafos escribimos sobre cosas eternas.

— Pero los volcanes extinguidos pueden despertarse — interrumpió el principito —. ¿Qué significa "efímero"?

— Que los volcanes estén o no en actividad es igual para nosotros. Lo interesante es la montaña que nunca cambia.

— Pero, ¿qué significa "efímero"? — repitió el principito que en su vida había renunciado a una pregunta una vez formulada.

— Significa que está amenazado de próxima desaparición.

— ¿Mi flor está amenazada de desaparecer próximamente?

— Indudablemente.

"Mi flor as efímera — se dijo el principito — y no tiene más que cuatro espinas para defenderse contra el mundo. ¡Y la he dejado allá sola en mi casa!"

Por primera vez se arrepintió de haber dejado su planeta, pero bien pronto recobró su valor.

"왜요? 꽃은 가장 예쁜 것인데!"
"꽃은 덧없는 것이니까."
"덧없다는 것이 무슨 뜻인가요?"
"지리책은 모든 책 중에서 귀중하고 흥미로운 것을 다루지. 유행에 뒤떨어지지 않아. 산이 장소를 옮기는 경우는 없고 바닷물이 마르는 일도 거의 없지. 지리학자는 영원히 변하지 않는 것을 기록하지."
"그러나 사화산은 다시 소생할 수 있잖아요?" 어린 왕자가 말을 가로막았다. "덧없다는 것이 무슨 뜻이지요?"
"화산이 활화산이든 사화산이든 우리에게는 마찬가지야. 우리에게 중요한 것은 변하지 않는 산이야."
"그런데 덧없다는 것이 무슨 뜻인가요?" 다시 어린 왕자가 물었다. 그는 평생 동안 한번 물어 봤던 것을 포기해 본 적이 없었다.
"그것은 순식간에 사라질 위험이 있다는 것이지."
"그럼 내 꽃도 순식간에 사라질 위험이 있어요?"
"물론이지."

'나의 꽃도 일시적인 존재야.' 어린 왕자는 혼자 이렇게 말했다. '내 꽃이 세상으로부터 자신을 방어하기 위해서 갖고 있는 것은 오직 네 개의 가시밖에 없는데. 그 꽃을 내 별에 혼자 내버려 두고 왔다니!'

어린 왕자는 처음으로 별을 떠난 것을 후회하였다. 그러나 그는 다시 용기를 냈다.

- **efímero** 덧없는, 단시간의
- **preciado** 귀중한, 우수한
- **pasar de moda** 유행이 지나다
- **cambiar de** …을 바꾸다
- **amenazar** (…할) 위험·우려가 있다
- **desaparición** 없어짐, 소실
- **próximamente** 머지않아, 가까이
- **indudablemente** 의심할 바 없이
- **arrepentirse de** …을 후회하다
- **recobrar** 되찾다, 회복하다

— ¿Qué me aconseja usted que visite ahora? — preguntó.
— La Tierra — le contestó el geógrafo —. Tiene muy buena reputación⋯

Y el principito partió pensando en su flor.

"내가 이제 어느 별을 방문해야 할지 알려 주시겠어요?" 어린 왕자가 물었다.
"지구를 방문하지." 지리학자가 대답했다. "지구는 평판이 매우 좋아."

어린 왕자는 그의 꽃을 생각하면서 그 별을 떠났다.

16

El séptimo planeta fue, por consiguiente, la Tierra.

¡La Tierra no es un planeta cualquiera! Se cuentan en él ciento once reyes (sin olvidar, naturalmente, los reyes negros), siete mil geógrafos, novecientos mil hombres de negocios, siete millones y medio de borrachos, trescientos once millones de vanidosos, es decir, alrededor de dos mil millones de personas mayores.

Para daros una idea de las dimensiones de la Tierra yo os diría que antes de la invención de la electricidad había que mantener sobre el conjunto de los seis continentes un verdadero ejército de cuatrocientos sesenta y dos mil quinientos once faroleros.

Vistos desde lejos, hacían un espléndido efecto. Los movimientos de este ejército estaban regulados como los de un ballet de ópera. Primero venía el turno de los faroleros de Nueva Zelandia y de Australia. Encendían sus faroles y se iban a dormir. Después tocaba el turno en la danza a los faroleros de China y Siberia, que a su vez se perdían entre bastidores. Luego seguían los faroleros de Rusia y la India, después los de África y Europa y finalmente, los de América del Sur y América del Norte. Nunca se equivocaban en su orden de entrada en escena. Era grandioso.

이렇게 하여 그가 일곱 번째로 방문한 별이 지구였다.

지구는 다른 별과는 달랐다. 그 곳에는 (분명히 흑인 왕도 포함하여) 백열한 명의 왕과 칠천 명의 지리학자, 구십만 명의 사업가, 칠백오십만 명의 주정뱅이, 삼억일천일백만 명의 우쭐거리는 사람들, 다시 말해 약 이십억의 어른들이 살고 있다.

지구의 크기에 대하여 말하자면, 전기가 발명되기 전에는 여섯 개 대륙 전체에서 사십육만이천오백열한 명의 실제 군대 규모의 가로등지기가 필요했다는 것을 말할 수 있다.

멀리서 바라보면 대단한 장관을 이루었다. 이 집단의 움직임은 마치 오페라의 무용수처럼 질서 정연했다. 처음에 뉴질랜드와 오스트레일리아의 가로등지기의 차례가 되었다. 그들은 등불을 켜고 잠자리에 들었다. 다음에는 중국과 시베리아의 가로등지기가 춤을 추며 나타났다가 무대 뒤로 빠져 나갔다. 그 다음에는 러시아와 인도의 가로등지기가 나왔고, 그 다음에는 아프리카와 유럽, 마지막으로 남미와 북미의 가로등지기가 나왔다. 그들은 무대에 나타나는 순서에서 한 번도 실수를 하지 않았다. 정말 대단했다.

- **alrededor de** 약, 가량
- **dimensión** 크기, 규모
- **invención** 발명
- **ejército** 군대
- **movimiento** 움직임, 동작
- **regular** 규정하다, 정리하다
- **turno** 순서, 차례
- **equivocarse** 실수하다, 틀리다
- **entrada** 입장, 입구
- **grandioso** 웅대한, 장려한

Solamente el farolero del único farol del Polo Norte y su colega del único farol del Polo Sur, llevaban una vida de ociosidad y descanso. No trabajaban más que dos veces al año.

북극의 하나밖에 없는 가로등을 책임지고 있는 사람과 그의 동료인 남극의 유일한 가로등지기, 이 두 사람은 아무 할 일도 없고 편안하게 지내고 있었다. 일 년에 두 번만 일할 뿐이었다.

- **Polo Norte** 북극
- **colega** 동료
- **Polo Sur** 남극
- **ociosidad** 한가함, 여가
- **descanso** 휴식

Cuando se quiere ser ingenioso, sucede que se miente un poco. No he sido muy honesto al hablar de los faroleros y corro el riesgo de dar una falsa idea de nuestro planeta a los que no lo conocen. Los hombres ocupan muy poco lugar sobre la Tierra. Si los dos mil millones de habitantes que la pueblan se pusieran de pie y un poco apretados, como en un mitin, cabrían fácilmente en una plaza de veinte millas de largo por veinte de ancho. La humanidad podría amontonarse sobre el más pequeño islote del Pacífico.

Las personas mayores no os creerán, seguramente, pues siempre se imaginan que ocupan mucho sitio. Se creen importantes como los baobabs. Les diréis, pues, que hagan el cálculo; eso les gustará ya que adoran las cifras. Pero no es necesario que perdáis el tiempo inútilmente, puesto que tenéis confianza en mí.

El principito, una vez que llegó a la Tierra, quedó sorprendido de no ver a nadie. Tenía miedo de haberse equivocado de planeta, cuando un anillo de color de luna se revolvió en la arena.

—¡Buenas noches! —dijo el principito.
—¡Buenas noches! —dijo la serpiente.

사람이 재치를 발휘하려고 하는 경우에는 다소 거짓말을 하는 수가 있다. 내가 가로등지기에 대하여 말했을 때 모두 정직하게 말한 것은 아니다. 지구에 대하여 잘 모르는 사람들에게 잘못된 견해를 전달할 우려가 있다. 인간이 지구에서 차지하고 있는 장소는 매우 좁다. 지구에 살고 있는 이십억의 인간들이 어떤 모임을 갖듯이 꽉 들어차서 서 있게 된다면, 길이가 이십 마일, 폭이 이십 마일 되는 광장에 충분히 들어갈 수 있을 것이다. 또 태평양에 있는 가장 작은 섬 하나에 인간들을 다 모아 놓을 수도 있을 것이다.

어른들에게 이렇게 말한다면 확실히 믿지 않을 것이다. 왜냐하면 그들은 넓은 장소를 차지하고 있다고 믿고 있기 때문이다. 어른들은 바오밥처럼 자기 자신을 중요하다고 믿고 있다. 그래서 여러분은 어른들에게 그들 스스로 계산을 하라고 말해야 한다. 어른들은 숫자를 숭배하기 때문에 계산을 하라고 하면 좋아할 것이다. 그러나 내 말을 믿는다면, 쓸데없는 일에 시간을 낭비할 필요는 없다.

어린 왕자는 지구에 도착했을 때 사람이 보이지 않아서 매우 놀랐다. 다른 별에 온 것이 아닌가 하고 걱정하고 있었는데, 달빛을 띤 고리 모양의 물체가 모래 속에서 움직이고 있었다.

"안녕!" 어린 왕자가 말했다.
"안녕!" 뱀이 말했다.

- **ingenioso** 재치 있는, 영특한
- **habitante** 거주자, 주민
- **apretado** 꽉 조여진, 꽉 들어찬
- **mitin** 모임, 집회
- **ancho** 폭, 넓이
- **humanidad** 인류, 인간
- **amontonars** 떼지어 모이다
- **islote** 작은 섬
- **confianza** 신용, 신뢰
- **revolverse** 휩쓸려 들다, 돌다

— ¿Sobre qué planeta he caído? — preguntó el principito.
— Sobre la Tierra, en África — respondió la serpiente.
— ¡Ah! ¿Y no hay nadie sobre la Tierra?
— Esto es el desierto. En los desiertos no hay nadie. La Tierra es muy grande — dijo la serpiente.

El principito se sentó en una piedra y elevó los ojos al cielo.

— Yo me pregunto — dijo — si las estrellas están encendidas para que cada cual pueda un día encontrar la suya. Mira mi planeta; está precisamente encima de nosotros··· Pero··· ¡qué lejos está!
— Es muy bella — dijo la serpiente —. ¿Y qué vienes tú a hacer aquí?
— Tengo problemas con una flor — dijo el principito.
— ¡Ah!

Y se callaron.

— ¿Dónde están los hombres? — prosiguió por fin el principito. Se está un poco solo en el desierto···
— También se está solo con los hombres — afirmó la serpiente.

El principito la miró largo rato y le dijo: — Eres un bicho raro, delgado como un dedo···

— Pero soy más poderoso que el dedo de un rey — le interrumpió la serpiente.

"내가 온 이별이 어떤 별이지?" 어린 왕자가 물었다.
"지구야. 여기는 아프리카지." 뱀이 대답했다.
"아! 지구에는 아무도 살지 않아?"
"이 곳은 사막이야. 사막에는 아무도 살지 않아. 지구는 매우 크지." 뱀이 말했다.

어린 왕자는 돌 위에 앉아 하늘을 쳐다보았다.

"하늘에서 별이 빛나는 것은 각자가 자신의 별을 찾아가도록 하기 위함일까? 내 별을 봐. 바로 우리 머리 위에 있네. 어쩌면 저리도 멀까!" 어린 왕자가 말했다.
"매우 아름다운 별이군." 뱀이 말했다. "그런데 어떻게 여기에 왔지?"
"나는 꽃과 다투었지." 어린 왕자가 말했다.
"그랬군!"

그리고 둘은 아무 말도 하지 않았다.

"사람들은 어디에 있지?" 마침내 어린 왕자가 말을 계속했다. "사막은 좀 쓸쓸한 곳이구나."
"사람들과 함께 있어도 역시 쓸쓸해." 뱀이 말했다.

"너는 묘하게 생긴 동물이구나. 손가락처럼 가느다랗고…" 어린 왕자가 뱀을 오랫동안 지켜 보더니 이렇게 말했다.

"그러나 난 왕의 손가락보다 더 강해." 뱀이 어린 왕자의 말을 가로막았다.

- **elevar** 높이다, 세우다
- **encima de** …위에
- **bicho** 벌레, 짐승
- **poderoso** 강력한

Eres un bicho raro, delgado como un dedo...

El principito sonrió:

—No me pareces muy poderoso… ni siquiera tienes patas… ni siquiera puedes viajar…
—Puedo llevarte más lejos que un navío —dijo la serpiente.

Se enroscó alrededor del tobillo del principito como un brazalete de oro.

—Al que yo toco, le hago volver a la tierra de donde salió. Pero tú eres puro y vienes de una estrella…

El principito no respondió.

어린 왕자는 미소를 지었다.

"그렇게 강한 것 같지는 않은데… 너는 다리도 없고… 여행도 할 수 없고…"
"나는 어떤 배보다도 너를 멀리 데려다 줄 수 있지." 뱀이 말했다.

뱀은 마치 금팔찌처럼 어린 왕자의 발목을 칭칭 감았다.

"내가 건드리는 자는 누구나 그가 태어난 흙으로 돌아가게 되지. 그런데 너는 순진하고 그리고 다른 별에서 왔으니…"

어린 왕자는 아무 대답도 하지 않았다.

- **navío** 선박
- **enroscar** 칭칭 감다, 나사 모양으로 하다
- **tobillo** 복사뼈, 발목
- **brazalete** 팔찌 (pulsera)

—Me das lástima, tan débil sobre esta tierra de granito. Si algún día echas mucho de menos tu planeta, puedo ayudarte. Puedo…

—¡Oh! —dijo el principito—. Te he comprendido. Pero ¿por qué hablas con enigmas?

—Yo los resuelvo todos —dijo la serpiente.

Y se callaron.

"화강암으로 된 이 지구 위에서 너처럼 약한 애를 보니 가엾은 생각이 드는구나. 언젠가 네 별이 그리워져 돌아가고 싶으면, 내가 너를 도와 줄 수 있어. 난 할 수 있어."

"오!" 어린 왕자가 말했다. "알았어. 그런데 너는 왜 수수께끼 같은 말만 하는 거지?"

"난 그 수수께끼를 모두 풀어." 뱀이 말했다.

그리고 그들은 아무 말이 없었다.

- **lástima** 한탄, 유감스러움
- **granito** 화강암
- **echar de menos** 그리워하다
- **enigma** 수수께끼

El principito atravesó el desierto en el que sólo encontró una flor de tres pétalos, una flor de nada.

— ¡Buenos días! — dijo el principito.
— ¡Buenos días! — dijo la flor.
— ¿Dónde están los hombres? — preguntó cortésmente el principito.

La flor, un día, había visto pasar una caravana.

— ¿Los hombres? No existen más que seis o siete, me parece. Los he visto hace ya años y nunca se sabe dónde encontrarlos. El viento los pasea. Les faltan las raíces. Esto les molesta.

— Adiós — dijo el principito.
— Adiós — dijo la flor.

어린 왕자는 사막을 걸어갔다. 사막을 가는 동안에 꽃 한 송이를 만났는데 꽃잎이 세 개뿐인 하찮은 꽃이었다.

"안녕." 어린 왕자가 말했다.
"안녕." 꽃이 말했다.
"사람들은 어디에 있지?" 어린 왕자가 공손하게 물었다.

그 꽃은 언젠가 대상이 지나가는 것을 본 적이 있었다.

"사람들이요? 내가 알기로는 예닐곱 명이 있을 거예요. 몇 년 전에 보았어요. 그러나 어디서 찾아야 할지 알 수가 없어요. 사람들은 바람에 따라 밀려다니니까요. 인간에게는 뿌리가 없어요. 그래서 그것이 그들에겐 힘겨운 일이죠."

"잘 있어." 어린 왕자가 말했다.
"잘 가요." 꽃이 말했다.

- **atravesar** 횡단하다, 관통하다
- **cortésmente** 공손하게, 예의 바르게
- **caravana** (아라비아의) 대상(隊商)
- **faltar** 없다, 부족하다
- **raíz** 뿌리
- **molestar** 괴롭히다, 애먹이다

El principito escaló hasta la cima de una alta montaña. Las únicas montañas que él había conocido eran los tres volcanes que le llegaban a la rodilla. El volcán extinguido lo utilizaba como taburete. "Desde una montaña tan alta como esta, se había dicho, podré ver todo el planeta y a todos los hombres..." Pero no alcanzó a ver más que algunas puntas de rocas.

Este planeta es seco, puntiagudo y salado.

어린 왕자는 높은 산의 정상까지 올라갔다. 그가 전에 알고 있었던 유일한 산은 그의 무릎 높이의 세 개의 화산뿐이었다. 그는 사화산을 걸상으로 사용하곤 했다. '이 정도 높은 산에서라면,' 어린 왕자는 속으로 생각했다. '별 전체와 모든 사람을 다 볼 수 있을 거야.' 그러나 그는 끝이 뾰족한 바위 이외에는 아무것도 보지 못했다.

- **escalar** (기어) 오르다
- **cima** 정상, 꼭대기
- **rodilla** 무릎
- **taburete** 걸상
- **alcanzar a** *inf.* …하기에 이르다

— ¡Buenos días! — exclamó el principito al acaso.
— ¡Buenos días! ¡Buenos días! ¡Buenos días! — respondió el eco.
— ¿Quién eres tú? — preguntó el principito.
— ¿Quién eres tú?⋯ ¿Quién eres tú?⋯ ¿Quién eres tú?⋯ — contestó el eco.
— Sed mis amigos, estoy solo — dijo el principito.
— Estoy solo⋯ estoy solo⋯ estoy solo⋯ — repitió el eco.

"¡Qué planeta más raro! — pensó entonces el principito —, es seco, puntiagudo y salado. Y los hombres carecen de imaginación; no hacen más que repetir lo que se les dice⋯ En mi tierra tenía una flor: hablaba siempre la primera⋯"

"안녕하세요." 어린 왕자가 아무렇게나 소리쳤다.

"안녕하세요. 안녕하세요. 안녕하세요." 이렇게 메아리만 들려 왔다.

"당신은 누구세요?" 어린 왕자가 물었다.

"당신은 누구세요? 당신은 누구세요? 당신은 누구세요?" 메아리가 대답했다.

"나의 친구가 되어 줘요. 난 혼자란 말이에요." 어린 왕자가 말했다.

"난 혼자란 말이에요. 난 혼자란 말이에요. 난 혼자란 말이에요." 메아리가 대답했다.

'참 이상한 별이네.' 어린 왕자는 이렇게 생각했다. '아주 거칠고 날카롭고 각박한 곳이야. 그리고 인간들은 상상력이 없어. 남이 말하면 그 말을 되풀이하기만 하고… 내 별에 있는 꽃은 항상 나에게 먼저 말을 걸어 왔는데…'

- **al acaso** 닥치는 대로
- **eco** 반향, 산울림
- **seco** 무뚝뚝한, 냉혹한
- **puntiagudo** (끝이) 뾰족한, 날카로운
- **imaginación** 상상(력), 공상

Pero sucedió que el principito, habiendo atravesado arenas, rocas y nieves, descubrió finalmente un camino. Y los caminos llevan siempre a la morada de los hombres.

— ¡Buenos días! — dijo.

Era un jardín cuajado de rosas.

— ¡Buenos días! — dijeron las rosas.

El principito las miró. ¡Todas se parecían tanto a su flor!

— ¿Quiénes sois? — les preguntó estupefacto.

20

어린 왕자가 사막을 지나 바위와 눈 속을 헤쳐 나오자, 마침내 길을 발견하게 되었다. 모든 길은 사람 사는 곳으로 통한다.

"안녕." 어린 왕자가 말했다.

장미꽃들이 활짝 피어 있는 정원이었다.

"안녕." 장미꽃들이 말했다.

어린 왕자는 장미꽃들을 바라보았다. 모두 그의 꽃과 똑같이 생긴 꽃들이었다.

"너희들은 누구지?" 어린 왕자는 놀라서 물었다.

- **morada** 주거, 집
- **cuajado de** …으로 가득한
- **parecerse** 닮다, 비슷하다

— Somos las rosas — respondieron estas.
— ¡Ah! — exclamó el principito.

Y se sintió muy desgraciado. Su flor le había dicho que era la única de su especie en todo el universo. ¡Y ahora tenía ante sus ojos más de cinco mil, todas semejantes, en un solo jardín!

"Si ella viese todo esto, se decía el principito, se sentiría vejada, tosería muchísimo y simularía morir para escapar al ridículo. Y yo tendría que aparentar cuidarla, pues sería capaz de dejarse morir verdaderamente para humillarme a mí también···"

Y luego continuó diciéndose: "Me creía rico con una flor única y resulta que no tengo más que una rosa ordinaria. Eso y mis tres volcanes que apenas me llegan a la rodilla y uno de los cuales acaso esté extinguido para siempre. Realmente no soy un gran príncipe···" Y echándose sobre la hierba, el principito lloró.

"우리는 장미꽃이야." 장미꽃들이 대답했다.
"그렇구나!" 어린 왕자가 말했다.

이 말을 듣자 어린 왕자는 자신이 불행하게 느껴졌다. 그의 꽃은 자기가 이 세상에서 그런 종류로는 단 한 송이뿐이라고 자랑했었다. 그런데 지금 단 하나의 정원에 그와 똑같은 꽃이 오천 송이나 눈앞에 있는 것이 아닌가!

'만일 내 꽃이 이 모든 것을 본다면,' 어린 왕자는 속으로 생각했다. '무척 당황하겠지. 기침을 많이 하면서 그 야유로부터 벗어나려고 죽어 가는 척하겠지. 그러면 나는 그 꽃을 돌봐 주는 척해야 할 거야. 그렇지 않으면 나의 콧대를 꺾기 위하여 정말로 죽어 버릴지도 몰라.'

그리고 계속 이렇게 말했다. '나는 이 세상에서 하나밖에 없는 꽃을 가져 부자인 줄 알았어. 그러나 그것은 흔한 장미꽃이었어. 흔한 장미꽃 한 송이와 무릎 높이의 화산 세 개, 그나마 하나는 아마 영원히 죽어 버린 화산일 것이고… 정말이지 난 위대한 왕자가 아니야.' 그리고 왕자는 풀밭에 쓰러져 울었다.

- **desgraciado** 불행한
- **vejar** 애먹이다, 골려 주다
- **simular** 가장하다, (…인) 척하다
- **aparentar** (짐짓) 꾸미다
- **humillar** 굴복시키다
- **reaultar que** 결국 …이 되다
- **para siempre** 영원히
- **echarse** 쓰러지다, 몸을 던지다

Entonces apareció el zorro:

— ¡Buenos días! — dijo el zorro.
— ¡Buenos días! — respondió cortésmente el principito que se volvió pero no vió nada.
— Estoy aquí, bajo el manzano — dijo la voz.
— ¿Quién eres tú? — preguntó el principito —. ¡Qué bonito eres!
— Soy un zorro — dijo el zorro.
— Ven a jugar conmigo — le propuso el principito —, ¡estoy tan triste!
— No puedo jugar contigo — dijo el zorro —, no estoy domesticado.
— ¡Ah, perdón! — dijo el principito.

21

바로 그 때 여우가 나타났다.

"안녕." 여우가 인사했다.
"안녕." 어린 왕자도 공손하게 대답하며 뒤돌아보았지만 아무것도 보이지 않았다.
"여기 있어. 사과나무 밑에." 목소리가 들려 왔다.
"넌 누구지?" 어린 왕자가 물었다. "넌 참 예쁘게 생겼구나."
"난 여우야." 여우가 말했다.
"이리 와 나하고 놀자." 어린 왕자가 제안했다. "난 기분이 우울해."
"난 너하고 놀 수 없어." 여우가 말했다. "난 길들여지지 않았거든."
"아! 미안해." 어린 왕자가 말했다.

- **zorro** 여우
- **manzano** 사과나무
- **proponer** 제안하다
- **domesticar** 길들이다, 세상 물정을 익히다

Pero después de una breve reflexión, añadió:

—¿Qué significa "domesticar"?
—Tú no eres de aquí — dijo el zorro — ¿qué buscas?
—Busco a los hombres — le respondió el principito —. ¿Qué significa "domesticar"?
—Los hombres — dijo el zorro — tienen escopetas y cazan. ¡Es muy molesto! Pero también crían gallinas. Es lo único que les interesa. ¿Tú buscas gallinas?
—No — dijo el principito —. Busco amigos. ¿Qué significa "domesticar"? — volvió a preguntar el principito.
—Es una cosa ya olvidada — dijo el zorro —, significa "crear vínculos…"
—¿Crear vínculos?
—Efectivamente, verás — dijo el zorro —. Tú no eres para mí todavía más que un muchachito igual a otros cien mil muchachitos y no te necesito para nada. Tampoco tú tienes necesidad de mí y no soy para ti más que un zorro entre otros cien mil zorros semejantes. Pero si tú me domesticas, entonces tendremos necesidad el uno del otro. Tú serás para mí único en el mundo, yo seré para ti único en el mundo…
—Comienzo a comprender — dijo el principito —. Hay una flor… creo que ella me ha domesticado…
—Es posible — concedió el zorro —, en la Tierra se ven todo tipo de cosas.
—¡Oh, no es en la Tierra! — exclamó el principito.

어린 왕자는 잠시 생각에 잠기더니 이렇게 말했다.

"길들인다는 것이 무슨 말이지?"
"넌 여기 애가 아니구나." 여우가 말했다. "무엇을 찾고 있니?"
"사람을 찾고 있지." 어린 왕자가 말했다. "길들인다는 것이 무엇이지?"
"사람들은," 여우가 말했다. "엽총을 갖고 사냥을 해. 정말 난처한 것들이야. 사람들은 닭도 기르는데, 그것이 그들의 유일한 관심거리야. 너도 닭을 찾고 있니?"
"아니." 어린 왕자가 말했다. "난 친구들을 찾고 있어. 길들인다는 것이 무슨 말이야?" 어린 왕자는 반복해서 물었다.
"그것은 너무 잊고 있는 거야." 여우가 말했다. "관계를 맺는다는 거야."
"관계를 맺는다고?"
"바로 그거야." 여우가 말했다. "넌 내게 아직 수많은 다른 아이들과 다를 게 없는 어린 아이에 불과해. 그래서 나는 네가 없어도 괜찮아. 너 또한 내가 없어도 상관없지. 네가 보기에 나는 수많은 여우와 다를 게 없는 여우에 불과하니까. 그러나 네가 나를 길들인다면 우리는 서로를 필요로 할 거야. 너는 이 세상에서 단 하나의 유일한 존재가 될 것이고, 너에게는 나 역시 이 세상에서 유일한 존재가 될 거야…"
"이제 알 것 같아." 어린 왕자가 말했다. "꽃이 한 송이 있었는데… 그 꽃이 나를 길들인 것 같아."
"그럴 수도 있지." 여우가 말했다. "지구 위에는 온갖 일이 있으니까."
"아니, 그건 지구에서의 일이 아니야." 어린 왕자가 외쳤다.

- **escopeta** 엽총
- **cazar** 사냥하다
- **molesto** 귀찮은, 골치 아픈
- **criar** 키우다, 사육하다
- **gallina** 암탉
- **olvidado** 망각된, 잊어 버리기 잘 하는
- **crear** 창조하다
- **vínculo** 관계, 인연, 연결
- **efectivamente** 실제로, 사실
- **necesitar** 필요로 하다
- **comenzar a** *inf.* … 하기 시작하다
- **conceder** 주다, 동의하다

El zorro pareció intrigado:

—¿En otro planeta?
—Sí.
—¿Hay cazadores en ese planeta?
—No.
—¡Qué interesante! ¿Y gallinas?
—No.
—Nada es perfecto— suspiró el zorro.

Y después volviendo a su idea:

—Mi vida es muy monótona. Cazo gallinas y los hombres me cazan a mí. Todas las gallinas se parecen y todos los hombres son iguales; por consiguiente me aburro un poco. Si tú me domesticas, mi vida estará llena de sól. Conoceré el rumor de unos pasos diferentes a todos los demás. Los otros pasos me hacen esconder bajo la tierra; los tuyos me llamarán fuera de la madriguera como una música. Y además, ¡mira! ¿Ves allá abajo los campos de trigo? Yo no como pan y por lo tanto el trigo es para mí algo inútil. Los campos de trigo no me recuerdan nada y eso me pone triste. ¡Pero tú tienes los cabellos dorados y será algo maravilloso cuando me domestiques! El trigo, que es dorado también, será un recuerdo de ti. Y amaré el ruido del viento en el trigo.

여우는 흥미 있는 듯한 표정이었다.

"다른 별에서라고?"
"그래."
"그 별에도 사냥꾼이 있니?"
"없어."
"그것 참 재미있군! 그럼 닭은 있어?"
"없어."
"완전한 것은 없군." 여우는 한숨을 쉬었다.

그리고 나서 여우는 하던 이야기로 말머리를 돌렸다.

"내 생활은 매우 단조로워. 나는 닭을 사냥하고 인간들은 나를 사냥하지. 모든 닭은 비슷하고 사람들도 모두 비슷해. 그래서 나는 좀 지루해. 네가 나를 길들인다면 나의 생활은 태양이 빛나듯이 밝아질 거야. 다른 사람의 발자국 소리와는 다른 네 발자국 소리를 구별할 수 있을 거야. 다른 사람의 발자국 소리를 들으면 나는 땅 속으로 숨지만, 네 발자국 소리를 들으면 마치 음악을 들은 것처럼 굴에서 뛰어나올 거야. 그리고 저기를 봐! 저기 밀밭이 보이지? 나는 빵을 먹지 않아. 그래서 나에게 아무 소용도 없어. 밀밭은 나에게 기억나게 하는 것이 전혀 없지. 그것이 슬픈 일이야. 너의 머리카락은 금빛이야. 네가 나를 길들여 주면 그건 대단한 것이지. 황금빛 밀을 보면 네 생각이 나겠지. 그러면 밀밭에 부는 바람소리를 사랑하게 될 거야."

- **cazador** 사냥꾼
- **monótono** 단조로운
- **aburrirse** 싫증을 내다
- **esconder** 숨기다, 감추다
- **madriguera** 굴, 소굴
- **trigo** 밀
- **dorado** 금빛의, 도금한

El zorro se calló y miró un buen rato al principito:

— Por favor... domestícame — le dijo.
— Bien quisiera — le respondió el principito —, pero no tengo mucho tiempo. He de buscar amigos y conocer muchas cosas.
— Sólo se conocen bien las cosas que se domestican — dijo el zorro —. Los hombres ya no tienen tiempo de conocer nada. Lo compran todo hecho en las tiendas. Y como no hay tiendas donde vendan amigos, los hombres no tienen ya amigos. ¡Si quieres un amigo, domestícame!
— ¿Qué debo hacer? — preguntó el príncipe.
— Debes tener mucha paciencia — respondió el zorro —. Te sentarás al principio un poco lejos de mí, así, en el suelo; yo te miraré de reojo y tú no me dirás nada. El lenguaje es fuente de malos entendidos. Pero cada día podrás sentarte un poco más cerca...

여우는 말없이 한참 동안 어린 왕자를 바라보았다.

"제발… 나를 길들여 줘." 여우가 말했다.

"나도 그러고 싶어." 어린 왕자가 대답했다. "그러나 나는 시간이 없어. 나는 친구를 찾아야 하고 알아야 할 것이 많아."

"자신이 길들인 것만 아는 거야." 여우가 말했다. "사람들은 무엇인가를 알 시간이 없어. 상점에서 이미 만들어진 것을 살 뿐이지. 그런데 친구를 파는 상점은 없으니까 사람들은 친구가 없지. 친구를 원한다면 나를 길들여 줘."

"그럼 어떻게 하면 되지?" 어린 왕자가 물었다.

"인내심이 있어야 해." 여우가 말했다. "처음에는 나에게서 좀 떨어져 그렇게 바닥에 앉아 있어야 해. 내가 곁눈질로 너를 바라보면 너는 아무 말도 하지 말아야 해. 말이라는 것은 오해의 근원이니까. 그러나 하루하루 지나면서 너는 조금씩 가까운 곳에 앉을 수 있게 될 거야."

- **paciencia** 인내, 참을성
- **al principio** 처음에
- **de reojo** 곁눈질로, 증오하는 눈길로

El principito volvió al día siguiente.

— Hubiera sido mejor — dijo el zorro — que vinieras a la misma hora. Si vienes, por ejemplo, a las cuatro de la tarde; desde las tres yo empezaría a ser dichoso. Cuanto más avance la hora, más feliz me sentiré. A las cuatro me sentiré agitado e inquieto, descubriré así lo que vale la felicidad. Pero si tú vienes a cualquier hora, nunca sabré cuándo preparar mi corazón··· Los ritos son necesarios.
— ¿Qué es un rito? — inquirió el principito.
— Es también algo demasiado olvidado — dijo el zorro —. Es lo que hace que un día no se parezca a otro día y que una hora sea diferente a otra. Entre los cazadores, por ejemplo, hay un rito. Los jueves bailan con las muchachas del pueblo. Los jueves entonces son días maravillosos en los que puedo ir de paseo hasta la viña. Si los cazadores no bailaran en día fijo, todos los días se parecerían y yo no tendría vacaciones.

De esta manera el principito domesticó al zorro. Y cuando se fue acercando el día de la partida:

— ¡Ah! — dijo el zorro —, lloraré.
— Tuya es la culpa — le dijo el principito —, yo no quería hacerte daño, pero tú has querido que te domestique···
— Ciertamente — dijo el zorro.
— Y vas a llorar! — dijo el principito.
— ¡Seguro!
— No ganas nada.
— Gano — dijo el zoro —, a causa del color del trigo.

다음 날 어린 왕자가 다시 찾아왔다.

"늘 같은 시간에 오면 더 좋을 거야." 여우가 말했다. "가령, 오후 네시에 온다면 나는 세시부터 행복해질 거야. 시간이 더 흐르면 흐를수록 더 행복하게 느낄 것이고, 네시가 되면 마음이 들떠 안절부절못하게 될 거야. 그리고 난 행복의 가치를 알게 되지. 그러나 네가 아무 때나 찾아오면 나는 언제부터 마음의 준비를 해야 할지 모르지. 그러니까 의례란 것이 필요해."

"의례라는 것이 무엇이지?" 어린 왕자가 물었다.

"그것 또한 너무나들 잊고 있는 것이지." 여우가 말했다. "어느 날과 다른 날을 구별하고 어떤 시간과 다른 시간을 구별하게 해 주는 것이지. 이를테면 사냥꾼에게도 의례가 있어. 매주 목요일에는 사냥꾼들이 마을 아가씨들과 춤을 추지. 그러니 목요일은 나에게는 매우 즐거운 날이고, 포도밭까지 산보를 할 수 있어. 사냥꾼들이 정해진 날에 춤을 추지 않는다면 모든 날이 다 같으니까 내게는 휴일이라는 것이 없지."

이리하여 어린 왕자는 여우를 길들이게 되었다. 그런데 어린 왕자가 떠나야 할 날이 다가오고 있었다.

"아!" 여우가 말했다. "나는 울고 말 거야."

"그건 네 잘못이야." 어린 왕자가 여우에게 말했다. "나는 너에게 상처를 주고 싶지 않았어. 그러나 네가 나에게 길들여지기를 원했기에…"

"그래." 여우가 말했다.

"그런데 넌 울려고 하잖아!" 어린 왕자가 말했다.

"물론 그래!"

"너는 얻은 게 아무것도 없구나."

"있어." 여우가 말했다. "저 밀밭의 색깔이 있으니까."

- **al día siguiente** 이튿날
- **dichoso** 행복한
- **avanzar** 지나가다, 흘러가다
- **inquieto** 마음이 차분하지 못한
- **rito** 관습, 방식
- **paseo** 산보, 산책
- **viña** 포도밭
- **acercarse** 다가오다, 접근하다

Y luego añadió:

—Vete a ver las rosas; comprenderás que la tuya es única en el mundo. Volverás a decirme adiós y yo te regalaré un secreto.

El principito se fue a ver las rosas a las que dijo:

—No sois nada, ni en nada os parecéis a mi rosa. Nadie os ha domesticado ni habéis domesticado a nadie. Sois como el zorro era antes, que en nada se diferenciaba de otros cien mil zorros. Pero yo le hice mi amigo y ahora es único en el mundo.

Las rosas se sentían molestas oyendo al principito, que continuó diciéndoles:

—Sois bellas, pero estáis vacías y nadie daría la vida por vosotros. Cualquiera que os vea podrá creer indudablemente que mi rosa es igual que cualquiera de vosotros. Pero ella se sabe más importante que todas, porque yo la he regado, porque ha sido ella a la que abrigué con el fanal, porque yo le maté los gusanos (salvo dos o tres que se hicieron mariposas) y es ella a la que yo he oído quejarse, alabarse y algunas veces hasta callarse. Porque es mi rosa.

Y volvió con el zorro.

그리고 나서 여우가 덧붙여 말했다.

"장미꽃들을 보러 가라구. 너의 꽃이 이 세상에서 유일하다는 것을 알게 될 거야. 그리고 작별 인사를 하러 여기로 와. 그러면 네게 선물로 어떤 비밀을 가르쳐 줄게."

어린 왕자는 장미꽃들을 보러 갔다. 그는 장미꽃들에게 말했다.

"너희들은 내 장미꽃과 전혀 달라. 아무도 너희들을 길들이지 않았고 너희들도 누구 하나 길들이지 않았어. 너희들은 내가 처음 만났을 때의 여우와 같아. 내 여우도 처음에는 수많은 다른 여우와 같았으니까. 그러나 나는 여우와 친구가 되었고, 이제는 이 세상에서 하나밖에 없는 여우가 된 거야."

어린 왕자가 하는 말을 듣고 장미꽃들은 기분이 불쾌했다. 어린 왕자는 계속 말했다.

"너희들은 아름답지만, 너희들은 공허해. 아무도 너희들을 위하여 죽지는 않을 거야. 너희들을 보는 사람들은 누구나 나의 장미꽃이 너희들 중 어느 것과도 똑같다고 생각할 거야. 그러나 내 장미꽃은 너희들 모두보다 더 중요해. 왜냐하면 내가 물을 주었고, 유리 덮개로 씌워 주었고, 그리고 벌레를 잡아 주었으니 (두세 마리는 나비가 되라고 살려 두었지만) 말이야. 그리고 내 꽃이 불평하는 소리도, 자랑하는 말도, 심지어는 침묵을 지키고 있을 때도 들어 주었지. 그 꽃은 나의 꽃이니까 말이야."

그리고 어린 왕자는 여우에게로 돌아갔다.

- **decir adiós** 작별을 고하다
- **abrigar** 감싸다, 지키다
- **gusano** 모충, 구더기
- **quejarse** 불평하다
- **alabarse** 자랑하다, 자만하다

— Adiós — le dijo.

— Adiós — dijo el zorro —. He aquí mi secreto, que no puede ser más simple: sólo con el corazón se puede ver bien; lo esencial es invisible para los ojos.

— Lo esencial es invisible para los ojos — repitió el principito para acordarse.

— Lo que hace más importante a tu rosa, es el tiempo que tú has perdido con ella.

— Es el tiempo que yo he perdido con ella··· — repitió el principito para recordarlo.

— Los hombres han olvidado esta verdad — dijo el zorro —, pero tú no debes olvidarla. Eres responsable para siempre de lo que has domesticado. Tú eres responsable de tu rosa···

— Yo soy responsable de mi rosa··· — repitió el principito a fin de recordarlo

"잘 있어." 어린 왕자가 말했다.

"잘 가." 여우가 말했다. "비밀을 말해 주지. 내 비밀은 별게 아니야. 마음으로 보아야만 잘 볼 수 있다는 것이야. 매우 중요한 것은 눈에는 보이지 않는다는 거지."

"중요한 것은 눈에 보이지 않는다고." 어린 왕자는 잊지 않기 위하여 되풀이했다.

"네가 그 꽃을 소중하게 여기는 것은 네가 그 꽃에 소비한 시간 때문이야."

"내가 꽃에 소비한 시간 때문이라…" 왕자는 그 말을 잊지 않기 위하여 되풀이했다.

"사람들은 이러한 진리를 잊고 있어." 여우가 말했다. "그러나 너는 그걸 잊지 말아야 해. 넌 네가 길들인 것에 대해 끝까지 책임을 져야 해. 너는 너의 장미에게 책임이 있어…"

"나는 나의 장미에 책임을 져야 해…" 왕자는 잊지 않기 위하여 되풀이했다.

- **esencial** 본질적인, 기본적인
- **responsable** 책임 있는
- **a fin de** …의 목적에서

—¡Buenos días! — dijo el principito.
—¡Buenos días! — respondió el guardagujas.
—¿Qué haces aquí? — le preguntó el principito.
—Formo con los viajeros paquetes de mil y despacho los trenes que los llevan, ya a la derecha, ya a la izquierda.

Y un tren rápido iluminado, rugiendo como el trueno, hizo temblar la caseta del guardagujas.

—Tienen mucha prisa — dijo el principito —. ¿Qué buscan?
—Ni siquiera el conductor de la locomotora lo sabe — dijo el guardagujas.

Un segundo rápido iluminado rugió en sentido inverso.

—¿Ya vuelve? — preguntó el principito.
—No son los mismos — contestó el guardagujas —. Es un cambio.
—¿No se sentían contentos donde estaban?
—Nunca se siente uno contento donde está — respondió el guardagujas.

Y rugió el trueno de un tercer rápido iluminado.

22

"안녕하세요." 어린 왕자가 말했다.

"안녕." 철도의 전철수가 말했다.

"여기서 무엇을 하고 있어요?" 어린 왕자가 물었다.

"나는 여객들을 천 명씩 나누어 보내는 일을 하고 있지. 여객을 싣고 오는 기차를 오른쪽이나 왼쪽으로 보내는 거야."

불을 켠 급행 열차가 천둥 같은 소리를 내며 전철수의 막사를 뒤흔들었다.

"저 사람들은 굉장히 바쁘군요." 어린 왕자가 말했다. "저 사람들은 무엇을 찾고 있지요?"

"기관사조차도 모르는 일이지." 전철수가 말했다.

불이 환히 켜진 두 번째 급행 열차가 반대 방향에서 천둥 소리를 냈다.

"벌써 돌아온 건가요?" 어린 왕자가 물었다.

"이 여객들은 아까 그 여객들이 아니야." 전철수가 대답했다. "이것은 기차가 엇갈리는 거야."

"그들이 있던 곳이 마음에 들지 않았나 보죠?" 어린 왕자가 물었다.

"사람들은 자기가 있는 곳에 만족하지 않지." 전철수가 대답했다.

불을 환히 밝힌 세 번째 급행 열차가 천둥 소리를 냈다.

- **guardagujas** (철도의) 전철수
- **viajero** 여객, 승객
- **despachar** 처리하다, 발송하다
- **iluminado** 조명된
- **rugir** 짖다, 으르렁거리다
- **trueno** 천둥, 우레
- **temblar** 흔들리다, 떨다
- **caseta** 초소, 움막, 막사
- **tener prisa** 급하다, 서둘다
- **conductor** 운전수, 조종자
- **locomotora** 기관차
- **inverso** 반대의, 역의

— ¿Van persiguiendo a los primeros viajeros? — preguntó el principito.

— No persiguen absolutamente nada — le dijo el guardagujas —; duermen o bostezan allí dentro. Sólo los niños aplastan su nariz contra los vidrios.

— Sólo los niños saben lo que buscan — dijo el principito —. Pierden el tiempo con una muñeca de trapo que viene a ser lo más importante para ellos y si se la quitan, lloran···

— ¡Qué suerte tienen! — dijo el guardagujas.

"그들은 첫 번째 여객들을 뒤쫓아가고 있나 보죠?" 어린 왕자가 물었다.

"뒤쫓아가는 것이 아니야." 전철수가 말했다. "그들은 기차 안에서 자고 있거나 하품을 하고 있을 거야. 아이들만이 유리창에 코를 납작하게 대고 밖을 내다보지."

"아이들만이 자신들이 무엇을 찾고 있는지를 알고 있군요." 어린 왕자가 말했다. "아이들은 천조각으로 만든 인형과 함께 시간을 보내고, 인형은 아이들에게 매우 소중한 것이 되지요. 그래서 누가 이들에게서 인형을 빼앗으려 한다면 아이들은 울음을 터뜨리지요."

"아이들은 행복하구나!" 전철수가 말했다.

- **perseguir** 추적하다
- **bostezar** 하품을 하다
- **aplastar** 납작하게 하다
- **vidrio** 유리
- **muñeca** 인형
- **trapo** 천, 직물
- **suerte** 운, 행운

23

— ¡Buenos días! — dijo el principito.
— ¡Buenos días! — respondió el comerciante.

Era un comerciante de píldoras perfeccionadas que quitan la sed. Se toma una por semana y ya no se sienten ganas de beber.

— ¿Por qué vendes eso? — preguntó el principito.
— Porque con esto se economiza mucho tiempo. Según el cálculo hecho por los expertos, se ahorran cincuenta y tres minutos por semana.
— ¿Y qué se hace con esos cincuenta y tres minutos?
— Lo que cada uno quiere···

"Si yo dispusiera de cincuenta y tres minutos — pensó el principito — caminaría suavemente hacia una fuente···"

23

"안녕하세요." 어린 왕자가 말했다.
"안녕." 장사꾼이 말했다.

이 장사꾼은 갈증을 없애 주는 특효약이라는 알약을 팔고 있었다. 일주일에 한 알만 먹으면 갈증을 느끼지 않게 된다는 것이다.

"왜 그런 것을 팔아요?" 어린 왕자가 물었다.
"이 약이 있으면 시간을 많이 절약할 수 있기 때문이지. 전문가들의 계산에 의하면, 이 약을 먹으면 일주일에 오십삼 분 절약한다는 거야."
"그럼 오십삼 분을 갖고 무엇을 하죠?"
"하고 싶은 것을 하지."

'내가 오십삼 분을 마음대로 사용한다면, 나는 샘물이 나오는 곳으로 천천히 걸어가겠다…' 어린 왕자는 이렇게 생각했다.

- **comerciante** 상인
- **perfeccionar** 완전하게 하다, 완성하다
- **píldora** 알약, 정제
- **economizar** 절약하다, 저축하다
- **experto** 전문가
- **ahorrarse** 저축하다, 절약하다
- **disponer de** (…을) 쓰다, 마음대로 사용하다

Era el octavo día de mi avería en el desierto y había escuchado la historia del comerciante bebiendo la última gota de mi provisión de agua.

— ¡Ah! — le dije al principito —, son muy bonitos tus cuentos, pero yo no he reparado mi avión, no tengo nada para beber y sería muy feliz si pudiera irme muy tranquilo en busca de una fuente!
— Mi amigo el zorro··· — me dijo.
— No se trata ahora del zorro, muchachito···
— ¿Por qué?
— Porque nos vamos a morir de sed···

No comprendió mi razonamiento y replicó:

— Es bueno haber tenido un amigo, aun si vamos a morir. Yo estoy muy contento de haber tenido un amigo zorro.

"Es incapaz de medir el peligro — me dije —. Nunca tiene hambre ni sed y un poco de sol le basta···"

El principito me miró y respondió a mi pensamiento:

— Tengo sed también··· vamos a buscar un pozo···

24.

사막에서 비행기 고장이 발생한 지 여드레째 되던 날, 나는 갖고 있던 물의 마지막 한 방울을 마시면서 장사꾼 이야기를 듣고 있었다.

"아!" 나는 어린 왕자에게 말했다. "너의 이야기는 매우 재미있구나. 그러나 나는 아직 비행기를 고치지 못했고 마실 물도 없단다. 편하게 샘물을 찾아갈 수 있다면 정말 좋겠구나!"
"내 친구 여우는…" 어린 왕자가 나에게 말했다.
"여우에 관한 이야기는 이제 그만 해, 꼬마야."
"왜요?"
"우리는 목말라 죽을 지경이야."

어린 왕자는 내 말을 이해하지 못하고 이렇게 대답했다.

"우리가 죽는다 해도 친구를 갖게 되었다는 것은 좋은 일이지요. 여우를 내 친구로 갖게 된 것에 매우 만족해요."

'위험한 상태에 있는 것을 모르는군.' 나는 혼자 말했다. '배고픈 것도 모르고 갈증도 느끼지 못하니, 약간의 햇빛만 있으면 되니까…'

그러나 어린 왕자는 나를 바라보더니 내 생각을 아는 듯이 이렇게 대답했다.

"나도 목이 말라요. 샘을 찾아가요."

- **gota** (물)방울
- **provisión** 준비, 준비금
- **cuento** 이야기
- **reparar** 고치다, 수정하다
- **en busca de** …을 찾아
- **fuente** 샘, 우물
- **morir de sed** 갈증으로 죽다
- **razonamiento** 궁리, 추론
- **replicar** 대답하다
- **incapaz de** …할 수 없는

Tuve un gesto de cansancio; es absurdo buscar un pozo, al azar, en la inmensidad del desierto. Sin embargo, nos pusimos en marcha.

Después de dos horas de caminar en silencio, cayó la noche y las estrellas comenzaron a brillar. Yo las veía como en sueño, pues a causa de la sed tenía un poco de fiebre. Las palabras del principito danzaban en mi mente.

—¿Tienes sed tú también? — le pregunté. Pero no respondió a mi pregunta, diciéndome simplemente:

— El agua puede ser buena también para el corazón···

No comprendí sus palabras, pero me callé; sabía muy bien que no había que interrogarlo.

El principito estaba cansado y se sentó; yo me senté a su lado y después de un silencio me dijo:

— Las estrellas son hermosas, por una flor que no se ve···

— Seguramente — respondí. Y miré sin hablar los pliegues que la arena formaba bajo la luna.

— El desierto es bello — añadió el principito.

나는 피곤한 표정을 지었다. 이런 끝없는 사막에서 무턱대고 우물을 찾아 나선다는 것은 어리석은 짓이다. 그럼에도 불구하고, 우리는 물을 찾아 출발했다.

침묵 속에서 두 시간 동안 걸어가자, 밤이 되고 별들이 반짝이기 시작했다. 나는 별을 바라보았는데 마치 꿈 속에서 보는 듯했다. 왜냐하면 나는 갈증 때문에 약간의 열이 났기 때문이었다. 어린 왕자가 한 말이 내 기억 속에서 가물거렸다.

"너도 목이 마르니?" 내가 물었다. 그러나 어린 왕자는 나의 질문에 대답을 하지 않고 간단하게 이렇게 말했다.

"물은 마음에도 좋을 거야."

나는 어린 왕자의 말을 이해하지 못했다. 그러나 나는 아무 말도 하지 않았다. 나는 어린 왕자에게는 질문하지 말아야 한다는 것을 잘 알고 있었다.

어린 왕자는 지쳐서 주저앉았다. 나도 그 옆에 앉았다. 어린 왕자는 말없이 있다가 나에게 이렇게 말했다.

"별이 아름다운 것은 보이지 않는 한 송이 꽃 때문이지요."

"그럼 그렇지." 나는 이렇게 대답했다. 더 이상 말하지 않고, 달빛 아래 모래 이랑을 바라보았다.

"사막은 아름다워요." 어린 왕자가 덧붙여 말했다.

- **al azar** 일이 되어 가는 대로
- **inmensidad** 무한, 광대
- **ponerse en marcha** 출발하다, 떠나다
- **fiebre** 열, 열병
- **pliegue** 주름, 구김살

Era verdad; siempre me ha gustado el desierto. Puede uno sentarse en una duna, nada se ve, nada se oye y sin embargo, algo resplandece en el silencio···

—Lo que más embellece al desierto —dijo el principito— es el pozo que oculta en algún sitio···

Me quedé sorprendido al comprender súbitamente ese misterioso resplandor de la arena. Cuando yo era niño vivía en una casa antigua en la que, según la leyenda, había un tesoro escondido. Sin duda que nadie supo jamás descubrirlo y quizás nadie lo buscó, pero parecía toda encantada por ese tesoro. Mi casa ocultaba un secreto en el fondo de su corazón···

—Sí —le dije al principito—; ya se trate de la casa, de las estrellas o del desierto, lo que les embellece es invisible.
—Me gusta —dijo el principito— que estés de acuerdo con mi zorro.

Como el principito se dormía, lo tomé en mis brazos y me puse nuevamente en camino. Me sentía emocionado llevando aquel frágil tesoro, y me parecía que nada más frágil había sobre la Tierra. Miraba a la luz de la luna aquella frente pálida, aquellos ojos cerrados, los cabellos agitados por el viento y me decía: "lo que veo es sólo la corteza; lo más importante es invisible···"

사실이었다. 나는 항상 사막을 좋아했다. 모래 언덕에 앉아 있으면 아무것도 보이지 않고 또 아무 소리도 들리지 않는다. 그러나 이 정적 속에 빛나는 무엇인가 있고…

"사막을 아름답게 하는 것은" 왕자가 말했다. "사막이 어딘가에 숨겨 놓은 샘이지요."

나는 모래가 신비스럽게 반짝이는 이유를 갑자기 이해하고 깜짝 놀랐다. 내가 어렸을 때 오래 된 집에 살았었는데, 보물이 숨겨져 있다는 전설이 있었다. 분명히 어느 누구도 그 보물을 발견할 방법을 몰랐다. 아마 어느 누구도 그 보물을 찾지 못했을 것이다. 그런데 우리 집은 보물 때문에 마술에 걸린 것 같았다. 우리 집은 마음 속 깊은 속에 비밀을 간직하고 있었던 것이다.

"그래." 나는 어린 왕자에게 말했다. "집이건 별이건 혹은 사막이건 간에, 이것들을 아름답게 해 주는 것은 눈에 보이지 않는 것이야."
"당신이 내 여우와 같은 생각을 갖고 있다니 반갑군요." 어린 왕자가 말했다.

어린 왕자가 잠이 들어 나는 그를 내 팔에 안고 다시 길을 걸었다. 나는 진한 감동을 느꼈다. 마치 깨지기 쉬운 보물을 안고 가는 것 같았다. 이 지구상에서 이보다 더 깨지기 쉬운 것은 아무것도 없는 것 같았다. 나는 달빛 아래에서 어린 왕자의 창백한 이마와 감겨진 눈, 그리고 바람에 휘날리는 머리카락을 바라보았다. 그리고 이렇게 말했다. "지금 내가 바라보고 있는 것은 껍데기에 불과하지. 가장 소중한 것은 눈에 보이지 않아."

- **duna** 모래 언덕
- **resplandecer** 빛나다, 번쩍이다
- **embellecer** 아름답게 하다
- **resplandor** 광채, 광휘
- **leyenda** 전설
- **de acuerdo con** …에 일치하여
- **frágil** 깨지기 쉬운
- **pálido** 창백한
- **corteza** 외면, 표면

Como sus labios entreabiertos esbozaron una sonrisa, me dije: "Lo que más me emociona de este principito dormido es su fidelidad a una flor, es la imagen de la rosa que resplandece en él como la llama de una lámpara, incluso cuando duerme···" Y lo sentí más frágil aún. Pensaba que a las lámparas hay que protegerlas: una racha de viento puede apagarlas···

Continué caminando y al rayar el alba descubrí el pozo.

어린 왕자의 입술이 반쯤 열려 미소를 짓는 것을 보고 나는 생각했다. '잠자고 있는 어린 왕자가 나를 감동시키는 것은 한 송이 장미꽃에 대한 그의 성실성 때문이다. 잠자고 있는 동안에도 등불의 불꽃처럼 어린 왕자의 몸 안에서 반짝이는 장미의 모습인 것이다.' 그러자 어린 왕자가 더욱더 깨지기 쉬운 것 같이 느껴졌다. 나는 한 줄기 바람에 의하여 꺼져 버릴지도 모르는 그 등불을 보호해야 한다고 생각했다.

계속해서 길을 걸었다. 날이 밝아 올 무렵에 나는 샘을 발견했다.

- **entreabierto** 반쯤 열린
- **esbozar una sonrisa** 웃음을 띠다
- **fidelidad** 충실, 충성
- **proteger** 보호하다
- **racha** 일진의 바람
- **rayar el alba** 날이 새기 시작하다

—Los hombres —dijo el principito— se meten en los rápidos pero no saben lo que buscan… Entonces se agitan y dan vueltas…

Y añadió:

—¡No vale la pena!…

El pozo que habíamos encontrado no se parecía en nada a los pozos del Sahara. Estos pozos son simples agujeros que se abren en la arena. El que teníamos ante nosotros parecía el pozo de un pueblo; pero por allí no había ningún pueblo y me parecía estar soñando.

—¡Es extraño! —le dije al principito—. Todo está a punto: la roldana, el balde y la cuerda…

Se rió y tocó la cuerda; hizo mover la roldana. Y la roldana gimió como una vieja veleta cuando el viento ha dormido mucho.

—¿Oyes? —dijo el principito—. Hemos despertado al pozo y canta.

25

"사람들은 모두 급행 열차를 타고 가지만 그들은 자신들이 무엇을 찾고 있는지 모르지요. 그래서 그들은 안절부절못하고 이리저리 돌고 도는 거지요." 어린 왕자가 이렇게 말했다.

그리고 덧붙여 말했다.

"그건 쓸데없는 짓이지요."

우리가 찾은 샘은 사하라 사막의 우물과 전혀 같지 않았다. 사하라 사막의 우물은 모래 위에 있는 웅덩이에 불과하다. 그러나 우리가 찾은 샘은 마을에 있는 우물과 같았다. 그러나 이 곳에는 마을이 없었다. 나는 꿈을 꾸고 있는 듯했다.

"이상하군!" 내가 어린 왕자에게 말했다. "모든 것이 준비되어 있잖아. 도르래, 물통, 밧줄…"

어린 왕자는 웃으며 줄을 당겨 도르래를 움직였다. 바람이 오랫동안 불지 않아서 낡아 버린 바람개비처럼 도르래는 삐걱삐걱 소리를 내며 돌아갔다.

"들려요?" 어린 왕자가 말했다. "우리가 잠에서 깨운 우물이 노래를 부르고 있네요."

- **meterse** 들어가다
- **dar vueltas** 돌리다, 회전시키다
- **no vale la pena** 아무 가치가 없다
- **agujero** 구멍
- **a punto** 준비되어, 갖추어
- **roldana** 도르래의 수레
- **balde** 물항아리
- **cuerda** 밧줄
- **gemir** 신음하다, 앓다
- **veleta** 풍향계, 바람개비

Se rió y tocó la cuerda; hizo mover la roldana.

No quería que el principito hiciera el menor esfuerzo y le dije:

— Déjame a mí, es demasiado pesado para ti.

Lentamente subí el cubo hasta el brocal donde lo dejé bien seguro. En mis oídos sonaba aún el canto de la roldana y veía temblar al sol en el agua agitada.

— Tengo sed — dijo el principito —, dame de beber…

¡Comprendí entonces lo que él había buscado!

나는 어린 왕자를 조금이라도 힘들게 하고 싶지 않았다. 그래서 그에게 말했다.

"나에게 맡겨. 너에게는 너무 무거워."

나는 천천히 두레박을 당겨 올렸다. 그 두레박을 우물 가장자리에 올려놓았다. 도르래 소리의 노랫소리가 아직도 내 귀에 들리는 것 같았다. 출렁이는 물에서 태양이 흔들리는 것을 보았다.

"목이 말라요." 어린 왕자가 말했다. "마실 물 좀 주세요."

나는 어린 왕자가 무엇을 찾고 있었는지 그 때서야 알았다.

● **cubo** 물통   ● **brocal** 우물의 윗부분

Levanté el balde hasta sus labios y el principito bebió con los ojos cerrados. Todo era bello como una fiesta. Aquella agua era algo más que un alimento. Había nacido del caminar bajo las estrellas, del canto de la roldana, del esfuerzo de mis brazos. Era como un regalo para el corazón. Cuando yo era niño, las luces del árbol de Navidad, la música de la misa de medianoche, la dulzura de las sonrisas, daban su resplandor a mi regalo de Navidad.

— Los hombres de tu tierra — dijo el principito — cultivan cinco mil rosas en un jardín y no encuentran lo que buscan.
— No lo encuentran nunca — le respondí.
— Y sin embargo, lo que buscan podrían encontrarlo en una sola rosa o en un poco de agua···
— Sin duda — respondí.

Y el principito añadió:

— Pero los ojos son ciegos. Hay que buscar con el corazón.

Yo había bebido y me encontraba bien. La arena, al alba, era color de miel, del que gozaba hasta sentirme dichoso. ¿Por qué había de sentirme triste?

나는 두레박을 어린 왕자의 입에 갖다 대었다. 어린 왕자는 눈을 감은 채 물을 마셨다. 모든 것이 마치 축제처럼 아름다웠다. 그 물은 음식보다 더 좋은 것이었다. 그 물은 별빛 아래 길을 걸었고, 도르래의 노랫소리를 들었고 내 팔의 힘을 받아서 나온 물이었다. 내 마음을 향한 선물과 같았다. 내가 어렸을 때 크리스마스 트리의 불빛, 자정 미사의 성가 소리, 다정한 미소, 이것들이 나에게 내가 받은 크리스마스 선물을 빛나게 했었다.

"당신이 살고 있는 지구의 사람들은" 어린 왕자가 말했다. "정원 하나에 오천 송이나 되는 장미꽃을 가꾸고 있지만 그들이 구하는 것을 찾지 못해요."
"그것을 찾지 못할 거야." 내가 대답했다.
"그러나 그들이 찾고 있는 것은 단 한 송이의 장미나 약간의 물에서도 찾을 수 있어요."
"그렇지." 나는 대답했다.

어린 왕자는 계속해서 말했다.

"그러나 눈으로는 볼 수 없어요. 마음으로 찾아야 해요."

나는 물을 마셨다. 편안해졌다. 해가 뜨자 모래는 벌꿀의 빛을 띠었다. 그 빛을 바라보면서 나는 행복해졌다. 그런데 무엇 때문에 나는 슬프게 느껴지는 것일까?

- **alimento** 음식, 식품
- **el árbol de Navidad** 크리스마스 트리
- **misa de medianoche** 자정 미사
- **resplandor** 빛남, 광채
- **cultivar** 재배하다, 배양하다
- **ciego** 맹인, 눈먼
- **alba** 동틀녘

— Es necesario que cumplas tu promesa — dijo dulcemente el principito que nuevamente se había sentado junto a mí.

— ¿Qué promesa?

— Ya sabes… el bozal para mi cordero… soy responsable de mi flor.

Saqué del bolsillo mis esbozos de dibujo. El principito los miró y dijo riendo:

— Tus baobabs parecen repollos…

— ¡Oh! ¡Y yo que estaba tan orgulloso de mis baobabs!

— Tu zorro tiene orejas que parecen cuernos; son demasiado largas.

Y volvió a reír.

— Eres injusto, muchachito; yo no sabía dibujar más que boas cerradas y boas abiertas.

— ¡Oh, todo se arreglará! — dijo el principito —. Los niños entienden.

Bosquejé, pues, un bozal y se lo alargué con el corazón oprimido:

— Tú tienes proyectos que yo ignoro…

Pero no me respondió.

"약속을 지켜야 해요." 어린 왕자는 다시 내 옆에 와 앉으며 부드럽게 말했다.
"무슨 약속?"
"내 양에게 씌워 줄 입마개 말이에요. 나는 내 꽃을 보호할 책임이 있어요."

나는 주머니에서 스케치한 그림을 꺼냈다. 어린 왕자는 그림을 보더니 웃으면서 말했다.

"당신이 그린 바오밥은 마치 배추 같아요."
"이런!" 나는 내가 그린 바오밥의 그림에 대해서는 매우 자신 있었는데!
"당신이 그린 여우는 귀가 마치 뿔같이 생겼군요. 너무 길어요."

그리고는 다시 웃었다.

"꼬마야, 그건 너무하다. 나는 보아뱀의 겉모습과 뱃속 이외에는 그림을 그릴 줄 몰라."
"그 정도면 됐어요." 어린 왕자가 말했다. "아이들은 이해하니까."

나는 입마개를 스케치하였다. 나는 그것을 어린 왕자에게 주면서 마음이 무거웠다.

"너는 내가 모르는 계획을 갖고 있구나."

그러나 그는 대답을 하지 않았다.

- **promesa** 약속
- **bolsillo** 주머니
- **esbozo** 스케치, 소묘
- **injusto** 옳지 못한, 부당한
- **bosquejar** 초안을 그리다
- **alagar** 건네 주다, 내밀다
- **oprimir** 억누르다, 억압하다
- **proyecto** 계획, 안

— ¿Sabes? — me dijo —. Mañana hace un año de mi caída en la Tierra...

Y después de un silencio, añadió:

— Caí muy cerca de aquí...

El principito se sonrojó y nuevamente, sin comprender por qué, experimenté una extraña tristeza.

Sin embargo, se me ocurrió preguntar:

— Entonces no te encontré por azar hace siete días, cuando paseabas por estos lugares, a mil millas de distancia del lugar habitado más próximo. ¿Es que volvías al punto de tu caída?

El principito enrojeció nuevamente.

Y añadí vacilante.

— ¿Quizás por el aniversario?

El principito se ruborizó una vez más. Aunque nunca respondía a las preguntas, su rubor significaba una respuesta afirmativa.

— ¡Ah! — le dije — tengo miedo.

"내가 지구에 내려온 지 내일이면 일년이에요."

그리고 나서 침묵이 흘렀다. 그가 덧붙여 말했다.

"내가 이 근처에 내려왔었는데…"

어린 왕자는 얼굴을 붉혔고, 나는 아무 이유도 없이 다시 슬퍼졌다.

그러나 그에게 질문을 해야겠다는 생각이 떠올랐다.

"내가 일주일 전에 너를 우연히 만났을 때, 너는 사람들이 사는 곳에서 천 마일이나 떨어진 이 곳을 지나가고 있었지. 그 때 너는 네가 떨어진 곳으로 돌아가는 중이었지?"

어린 왕자는 다시 한 번 얼굴을 붉혔다.

나는 머뭇거리며 말을 이었다.

"혹시 일주년 기념일이라서 그런 거니?"

어린 왕자는 다시 한 번 얼굴을 붉혔다. 비록 질문에는 대답하지 않았지만 얼굴을 붉힌다는 것은 긍정적인 대답을 의미했다.

"아!" 내가 말했다. "두려워…"

- **sonrojarse** 얼굴을 붉히다
- **experimentar** 경험하다, 실험하다
- **azar** 우연
- **enrojecer** 얼굴을 붉히다
- **vacilante** 불안정한, 흔들리는
- **aniversaro** 기념일
- **ruborizarse** 얼굴을 붉히다
- **rubor** 무안, 얼굴을 붉힘
- **afirmativo** 긍정의
- **tener miedo** 무서워하다

Pero él me respondió:

—Tú debes trabajar ahora; vuelve, pues, junto a tu máquina, que yo te espero aquí. Vuelve mañana por la tarde.

Pero yo no estaba tranquilo y me acordaba del zorro. Si uno se deja domesticar, corre el riesgo de llorar un poco···

그러자 어린 왕자가 나에게 대답했다.

"당신은 지금 일을 해야 해요. 당신의 비행기가 있는 곳으로 가야 해요. 내가 여기서 당신을 기다릴 거예요. 내일 오후에 이 곳으로 오세요."

그러나 나는 안심할 수가 없었다. 여우가 생각났다. 자신을 길들여지게 내맡기면, 그 사람은 조금은 울 염려가 있다.

- **acordarse de** …을 생각해 내다

Al lado del pozo había una ruina de un viejo muro de piedras. Cuando volví de mi trabajo al día siguiente por la tarde, vi desde lejos al principito sentado en lo alto con las piernas colgando. Lo oí que hablaba.

— ¿No te acuerdas? ¡No es aquí con exactitud!

Alguien le respondió sin duda, porque él replicó:

— ¡Sí, sí; es el día, pero no es éste el lugar!

Proseguí mi marcha hacia el muro, pero no veía ni oía a nadie. Y sin embargo, el principito replicó de nuevo.

— ¡Claro! Ya verás dónde comienza mi huella en la arena. No tienes más que esperarme, que allí estaré yo esta noche.

Yo estaba a veinte metros y continuaba sin distinguir nada.

El principito, después de un silencio, dijo aún:

26

우물 옆에는 무너진 낡은 돌담이 있었다. 다음 날 오후 내가 일을 마치고 돌아왔을 때, 어린 왕자가 돌담 높은 곳에 올라가 다리를 늘어뜨리고 앉아 있는 것을 멀리서 보았다. 그리고 그가 이렇게 말하는 소리를 들었다.

"기억이 안 나니? 여긴 바로 그 장소가 아니야!"

분명히 누군가 그에게 대답을 하는 것이었다. 왜냐하면 어린 왕자가 이렇게 대답했기 때문이다.

"그래, 그래! 오늘이 바로 그 날이야. 그러나 장소는 이 곳이 아니야."

나는 계속해서 그 담 쪽으로 걸었다. 그러나 아무도 보이지 않고, 아무 소리도 들리지 않았다. 그러나 어린 왕자는 또다시 대답했다.

"틀림없어. 너는 모래 위에 내 발자국이 어디서 시작했는지 보게 될 거야. 그러면 거기서 나를 기다리기만 하면 돼. 오늘 밤 내가 거기로 갈 거야."

나는 이십 미터 떨어진 곳에 있었지만 아무것도 볼 수 없었다.

잠시 침묵이 흐른 후 어린 왕자는 다시 말을 했다.

- **ruina** 붕괴, 몰락
- **muro** 담, 성벽
- **exactitud** 정확, 정밀도
- **huella** 흔적, 자국

—¿Tienes un buen veneno? ¿Estás segura de no hacerme sufrir mucho?

Me detuve con el corazón oprimido, siempre sin comprender.

—¡Ahora vete— dijo el principito—, quiero volver a bajarme!

"너는 좋은 독을 갖고 있니? 그 독만 있으면 나는 오랫동안 고통을 느끼지 않아도 되겠지?"

나는 걸음을 멈추었다. 가슴이 찢어지듯 아팠다. 그러나 나는 무슨 말인지 이해할 수가 없었다.

"자, 이제 가 봐." 어린 왕자가 말했다. "다시 내려갈 거야."

- **veneno** 독, 독소
- **sufrir** 겪다, 괴로워하다
- **detenerse** 멈추다, 머물다

Dirigí la mirada hacia el pie del muro e instintivamente di un brinco. Una serpiente de esas amarillas que matan a una persona en menos de treinta segundos, se erguía en dirección al principito. Echando mano al bolsillo para sacar mi revólver, comencé a correr, pero, al ruido que hice, la serpiente se dejó deslizar suavemente por la arena como un chorro de agua que muere, y, sin apresurarse demasiado, se escurrió entre las piedras con un ligero ruido metálico.

Llegué junto al muro a tiempo de recibir en mis brazos a mi principito, que estaba blanco como la nieve.

— ¿Pero qué historia es esta? ¿De charla también con las serpientes?

Le quité su eterna bufanda de oro, le humedecí las sienes y le di de beber, sin atreverme a hacerle pregunta alguna. Me miró gravemente rodeándome el cuello con sus brazos. Sentí latir su corazón, como el de un pajarillo que muere a tiros de carabina.

— Me alegra — dijo el principito — que hayas encontrado lo que faltaba a tu máquina. Así podrás volver a tu tierra···

— ¿Cómo lo sabes?

Precisamente venía a comunicarle que, a pesar de que no lo esperaba, había logrado terminar mi trabajo.

나는 그 때 담 아래를 내려다보고 본능적으로 펄쩍 뛰었다. 거기에는 삼십 초 내에 사람을 죽일 수 있는 노란 뱀 한 마리가 어린 왕자를 향하여 마주 보고 있는 것이었다. 권총을 꺼내려고 주머니에 손을 집어 넣으면서 나는 뛰어갔다. 그러나 나의 인기척을 듣고 뱀은 물방울이 흩어지듯이 조용히 모래 속으로 기어가다가, 가벼운 금속 소리를 내면서 돌 사이로 천천히 사라져 버렸다.

내가 돌담에 이르렀을 때, 마침 나의 어린 왕자를 팔에 안을 수 있었다. 그의 얼굴은 마치 눈처럼 창백했다.

"어떻게 된 거지? 뱀하고 이야기하고 있었어?"

나는 어린 왕자가 항상 감고 있었던 금빛 머플러를 풀어 주었다. 나는 어린 왕자의 관자놀이를 적셔 주고 물을 마시게 했다. 그에게 어떤 질문도 감히 할 수 없었다. 왕자는 나를 심각하게 쳐다보다가 두 팔로 내 목을 껴안았다. 나는 총에 맞아 죽어 가는 새의 심장처럼 왕자의 심장이 뛰는 것을 느꼈다.

"비행기 고장을 발견하였다니 다행이군요." 어린 왕자가 말했다. "이제 집으로 돌아갈 수 있겠군요."
"어떻게 그것을 알았지?"

나는 고칠 가능성이 없다고 생각했던 일이 잘 되었다는 것을 어린 왕자에게 전해 주러 온 것이었다.

- **instintivamente** 본능적으로
- **brinco** 도약 *cf.* dar brincos 깡충깡충 뛰다
- **erguirse** 꼿꼿이 서다, 버터 서다
- **revólver** 연발 권총
- **deslizar** 미끄러지다
- **chorro** 흐름, 분출
- **apresurarse** 서두르다
- **escurrirse** 빠져나가다, 뺑소니치다
- **charla** 잡담
- **humedecer** 젖게 하다
- **sien** 관자놀이
- **rodear** 둘러싸다
- **latir** 고동하다
- **pajarillo** *pájaro*의 축소형
- **tiro** 발포, 발사
- **carabina** 카빈 총

No respondió a mi pregunta, sino que añadió:

— También yo vuelvo hoy a mi planeta···

Luego, con melancolía:

— Es mucho más lejos··· y más difícil···

Me daba cuenta de que algo extraordinario pasaba en aquellos momentos. Estreché al principito entre mis brazos como si fuera un niño pequeño, y no obstante, me pareció que descendía verticalmente hacia un abismo sin que fuera posible hacer nada para retenerlo.

Su mirada, seria, estaba perdida en la lejanía.

— Tengo tu cordero y la caja para el cordero. Y tengo también el bozal.

Y sonreía melancólicamente.

Esperé un buen rato. Sentía que volvía a entrar en calor poco a poco:

— Has tenido miedo, muchachito···

Lo había tenido, sin duda, pero sonrió con dulzura:

— Esta noche voy a tener más miedo···

어린 왕자는 내가 묻는 말에는 대답을 하지 않고, 덧붙여 말했다.

"나도 오늘 집에 돌아가려고 해요."

그리고는 슬픈 표정을 지었다.

"그 곳은 멀어요. 더 힘들고…"

나는 그 순간 예사롭지 않은 어떤 일이 일어날 것이라는 알았다. 나는 어린 애를 껴안듯이 어린 왕자를 두 팔로 꼭 껴안았다. 그러나 그는 내가 막지 못할 심연으로 곧바로 떨어지는 것 같았다.

어린 왕자의 시선은 아득히 먼 곳을 헤매는 듯 심각해 보였다.

"나는 당신이 그려 준 양도 있고, 양이 들어가 살 수 있는 상자와 양의 입마개도 갖고 있어요."

그리고 어린 왕자는 쓸쓸히 웃었다.

나는 오랫동안 기다렸다. 조금씩 기운을 차리는 것 같았다.

"꼬마야, 너는 두려워하는구나."

분명히 어린 왕자는 두려워하고 있었다. 그러나 다정하게 웃었다.

"오늘 밤에는 더 두려워할 거예요."

- **estrechar** 꼭 움켜쥐다, 조이다
- **descender** 내려가다
- **verticalmente** 수직으로
- **abismo** 심연, 지옥
- **retener** 잡아 두다, 보유하다
- **lejanía** 먼 곳

Me quedé de nuevo helado por un sentimiento de algo irreparable. Comprendí que no podía soportar la idea de no volver a oír nunca más su risa. Era para mí como una fuente en el desierto.

—Muchachito, quiero oír otra vez tu risa···

Pero él me dijo:

—Esta noche hará un año. Mi estrella se encontrará precisamente encima del lugar donde caí el año pasado···

—¿No es cierto —le interrumpí— que toda esta historia de serpientes, de citas y de estrellas es tan sólo una pesadilla?

Pero el principito no respondió a mi pregunta y dijo:

—Lo más importante nunca se ve···
—Indudablemente···
—Es lo mismo que la flor. Si te gusta una flor que se encuentra en una estrella, es muy dulce mirar al cielo por la noche. Todas las estrellas han florecido.

나는 다시 한 번 돌이킬 수 없는 어떤 일이 일어날 것이라는 느낌에 온몸이 얼어붙는 듯했다. 어린 왕자의 웃음소리를 더 이상 들을 수 없을 것이라는 생각을 하니 나는 더욱 견딜 수가 없었다. 그 웃음소리는 나에게는 사막의 샘물과도 같았던 것이다.

"꼬마야, 너의 웃음소리를 다시 한 번 들어 보고 싶구나."

그러나 어린 왕자는 나에게 이렇게 말했다.

"오늘 밤이면 일 년이 되지요. 나의 별은 작년에 내려왔던 그 장소의 바로 위에 있어요."

"사실이 아니지?" 내가 그의 말을 가로막았다. "뱀이니 약속이니 별이니 하는 이야기는 모두 악몽에 불과한 것이지?"

그러나 어린 왕자는 내 질문에는 대답하지 않고 이렇게 말했다.

"중요한 것은 보이지 않는 것이에요."
"그래…"
"꽃과 같은 것이에요. 만약 당신이 별에 사는 꽃을 좋아한다면, 밤에 하늘을 바라보는 것이 매우 즐거울 거예요. 어느 별에나 꽃이 활짝 피어 있어요."

- **sentimiento** 감정, 슬픔
- **irreparable** 고칠 수 없는
- **soportar** 참다, 견디다
- **pesadilla** 나쁜 꿈, 공포
- **florecer** 꽃이 피다

—Es indudable···

—Es como el agua. La que me diste a beber, gracias a la roldana y la cuerda, era como una música, ¿te acuerdas? ¡Qué buena era!

—Sí, cierto···

—Por la noche mirarás las estrellas; No te puedo mostrar dónde se encuentra la mía, porque mi casa es demasiado pequeña. Así es mejor; mi estrella será para ti una cualquiera de ellas. Te gustará entonces mirar todas las estrellas. Todas ellas serán tus amigas. Y además, te haré un regalo···

Y rió una vez más.

—¡Ah, muchachito, muchachito, cómo me gusta oír tu risa!

—Mi regalo será ese precisamente, será como el agua···

—¿Qué quieres decir?

—La gente tiene estrellas que no son las mismas. Para los que viajan, las estrellas son guías; para otros sólo son pequeñas lucecita. Para los sabios las estrellas son problemas. Para mi hombre de negocios, eran oro. Pero todas esas estrellas se callan. Tú tendrás estrellas como nadie ha tenido···

—¿Qué quieres decir?

—Cuando por las noches mires al cielo, como yo reiré en una de ellas será para ti como si todas las estrellas riesen. ¡Tú sólo tendrás estrellas que saben reír!

"그래."

"물도 마찬가지였지요. 당신이 나에게 먹여 준 물은 도르래와 밧줄 때문에 음악과 같은 것이었지요. 생각나요? 아주 맛있는 물이었어요."

"그래, 맞아."

"당신은 밤에 별을 바라보겠지요. 내가 사는 별은 너무 작기 때문에 내 별이 어디에 있는지 당신에게 보여 줄 수가 없어요. 그것이 오히려 더 좋아요. 당신에게 내 별은 그 별들 중의 하나가 될 겁니다. 그러므로 당신은 하늘에 있는 모든 별들을 다 바라보는 것을 좋아하게 되겠지요. 그들은 당신의 친구가 될 거예요. 그리고 당신에게 선물을 하나 하겠어요."

그는 다시 웃었다.

"아, 어린 왕자, 나의 어린 왕자! 나는 너의 웃음소리를 듣는 것이 너무 좋아."

"그것이 바로 내 선물이에요. 그것은 물과 같은 것이 될 거예요."

"무슨 말이지?"

"모든 사람들은 사람마다 각기 다른 별을 갖고 있어요. 여행하는 사람들에게는 별들이 안내자이지요. 또 어떤 사람들에게는 하늘에 있는 조그만 불빛에 불과하지요. 학자들에게는 별들이 문제가 되지요. 내가 만난 사업가에게는 별들이 황금이었지요. 그러나 별들은 말이 없어요. 당신은 다른 사람들이 갖지 못한 별들을 갖게 될 거예요."

"그게 무슨 말이야?"

"내가 그 별들 중에 하나에서 웃고 있으면, 당신이 밤에 하늘을 쳐다볼 때 모든 별들이 웃고 있는 것같이 보일 겁니다. 당신만이 웃을 수 있는 별을 갖게 될 거예요!"

• **guía** 안내자   • **lucecita** luz의 축소형

Y rió nuevamente.

— Cuando te hayas consolado (siempre se consuela uno) estarás contento de haberme conocido. Serás mi amigo y tendrás ganas de reír conmigo. Algunas veces abrirás tu ventana sólo por placer y tus amigos quedarán asombrados de verte reír mirando al cielo. Tú les explicarás: "Las estrellas me hacen reír siempre". Ellos te creerán loco. Y yo te habré hecho una mala jugada···

Y se rió otra vez.

— Será como si en vez de estrellas, te hubiese dado multitud de cascabelitos que saben reír···

Una vez más dejó oír su risa y luego se puso serio.

— Esta noche··· ¿sabes? no vengas···
— No te dejaré.
— Pareceré enfermo··· Parecerá un poco que me muero··· es así. ¡No vale la pena que vengas a ver eso...!
— No te dejaré.

Pero estaba preocupado.

— Te digo esto por la serpiente; no debe morderte. Las serpientes son malas. A veces muerden por gusto···
— He dicho que no te dejaré.

그리고 어린 왕자는 다시 웃었다.

"당신의 슬픔이 가라앉았을 때에는 (슬픔은 언제나 가라앉게 되니까) 당신은 나를 알게 된 것을 매우 만족스러워할 것입니다. 당신은 언제나 나의 친구가 될 것이고, 당신은 나와 함께 웃고 싶어질 거예요. 때로는 즐거움을 위하여 창문을 열게 될 겁니다. 그러면 당신의 친구들은 당신이 하늘을 쳐다보며 웃는 모습을 보고 깜짝 놀라겠지요. 그 때 당신은 친구들에게 '나는 별을 보면 웃고 싶어져!' 라고 말할 겁니다. 그러면 친구들은 당신이 미쳤다고 생각할 겁니다. 그럼 내가 당신에게 나쁜 장난을 한 것이 되겠군요."

그리고 그는 다시 웃었다.

"그것은 내가 별 대신에 당신에게 웃을 줄 아는 작은 방울을 많이 준 것과 같군요."

그는 다시 웃었다. 그리고는 심각한 표정을 지었다.

"오늘 밤에는 오지 말아요."
"너를 보내지 않을 거야."
"내가 아픈 것처럼 보일 거예요. 내가 마치 죽어 가는 것처럼 보일 거예요. 그런 모습을 보러 오는 것은 헛수고일 뿐이에요!"
"나는 너를 보내지 않을 거야."

그러나 어린 왕자는 두려워하고 있었다.

"내가 이렇게 말하는 것은 뱀 때문이에요. 뱀이 당신을 물어서는 안 돼요. 뱀은 나쁜 동물이에요. 뱀은 장난으로 물기도 하거든요."
"너를 그냥 내버려 둘 수 없어."

● **cascabelito** cascabel의 축소형

Pero algo lo tranquilizó.

—Bien es verdad que no tienen veneno para la segunda mordedura...

Aquella noche no lo vi ponerse en camino. Cuando le alcancé marchaba con paso rápido y decidido y me dijo solamente:

—¡Ah, estás ahí!

Me cogió de la mano y todavía se atormentó:

—Has hecho mal. Tendrás pena. Parecerá que estoy muerto, pero no es verdad.

그러나 어린 왕자는 무슨 생각을 했는지 안심하는 것 같았다.

"뱀이 두 번째 물 때는 독이 없다는 것은 사실이에요."

그 날 밤 나는 어린 왕자가 떠나는 것을 보지 못했다. 내가 급히 뒤를 쫓아갔을 때 왕자는 빠른 걸음으로 걸어가고 있었다. 그리고 어린 왕자는 결심한 듯이 나에게 이렇게 말할 뿐이었다.

"아! 당신이군요!"

어린 왕자는 내 손을 잡았다. 그러나 그는 계속 괴로워하고 있었다.

"당신이 여기 온 것은 잘못한 거예요. 당신은 괴로워할 거예요. 내가 마치 죽은 것처럼 보일 거예요. 그러나 진짜로 죽는 것이 아니에요."

- **tranquilizar** 안심시키다
- **mordedura** 물기, 물린 상처
- **atormentar** 괴롭히다, 고문하다

Yo me callaba.

— ¿Comprendes? Es demasiado lejos y no puedo llevar este cuerpo que pesa demasiado.

Seguí callado.

— Será como una corteza vieja que se abandona. No son tristes las viejas cortezas···

Yo me callaba. El principito perdió un poco de ánimo. Pero hizo un esfuerzo y dijo:

— Será agradable, ¿sabes? Yo miraré también las estrellas. Todas serán pozos con roldana herrumbrosa. Todas las estrellas me darán de beber.

Yo me callaba.

— ¡Será tan divertido! Tú tendrás quinientos millones de cascabeles y yo quinientos millones de fuentes···

El principito se calló también; estaba llorando.

— Es allí; déjame ir solo.

Se sentó porque tenía miedo. Dijo aún:

나는 아무 말도 하지 않았다.

"이해해요? 너무나 먼 길이에요. 이 무거운 몸을 끌고 갈 수 없어요."

나는 계속 아무 말도 하지 않았다.

"벗어 버린 낡은 껍질 같을 거예요. 낡은 껍질을 보고 슬퍼할 사람은 없지요."

나는 아무 말도 하지 않았다. 어린 왕자는 힘이 좀 빠졌다. 그러나 힘을 내어 말했다.

"즐거운 일이에요. 당신도 알지요? 나도 별을 바라볼 겁니다. 모든 별들은 녹슨 도르래가 붙어 있는 우물이 될 거예요. 모든 별들은 나에게 마실 물을 줄 거예요."

나는 잠자코 있었다.

"참 재미있을 거예요! 당신은 오억 개의 방울을 갖게 될 겁니다. 그리고 나는 오억 개의 맑은 샘을 갖게 되지요."

어린 왕자도 말을 하지 않았다. 울고 있었던 것이다.

"저기예요. 나를 혼자 가게 내버려 두세요."

그는 앉았다. 두려웠던 것이다. 그가 다시 말을 계속했다.

- **corteza** 껍질, 외면
- **herrumbrosa** 녹슨
- **cascabel** 방울

—¿Sabes?... mi flor... soy responsable... ¡y ella es tan débil y tan inocente! Sólo tiene cuatro espinas para defenderse contra todo el mundo...

Me senté, ya no podía mantenerme en pie.

—Ahí está... eso es todo...

Vaciló todavía un instante, luego se levantó y dio un paso. Yo no pude moverme.

"알지요? 내 꽃⋯ 나는 그 꽃을 책임져야 해요. 그 꽃은 너무 약하고 너무 순진해요! 세상으로부터 자신을 방어할 수 있는 것은 오직 네 개의 가시뿐이에요."

나는 더 이상 서 있을 수가 없어서 앉았다.

"됐어요. 이제 끝났어요."

어린 왕자는 아직도 약간 망설였다. 그러나 일어나서 걸음을 옮겼다. 나는 움직일 수 없었다.

- **inocente** 천진스런, 결백한
- **mantener** 유지하다
- **dar un paso** 한 발짝 내딛다

Cayó lentamente como cae un árbol.

Un relámpago amarillo centelleó en su tobillo. Quedó un instante inmóvil, sin exhalar un grito. Luego cayó lentamente como cae un árbol, sin hacer el menor ruido a causa de la arena.

어린 왕자의 발목에서 노란 빛이 반짝하였다. 그는 잠시 움직이지 않았다. 그는 소리치지도 않았다. 그리고 나서 나무가 쓰러지듯이 천천히 쓰러졌다. 모래밭이라 아무 소리도 나지 않았다.

- **relámpago** 번득임, 번개
- **centellear** 번쩍이다, 불꽃을 튀기다
- **inmóvil** 움직이지 않는
- **exhalar** 내뱉다, 발산하다

Ahora hace ya seis años de esto. Jamás he contado esta historia y los compañeros que me vuelven a ver se alegraron de encontrarme vivo. Estaba triste, pero yo les decía: "Es el cansancio".

Al correr del tiempo me he consolado un poco, pero no completamente. Sé que ha vuelto a su planeta, pues al amanecer no encontré su cuerpo, que no era en realidad tan pesado… Y me gusta por la noche escuchar a las estrellas, que suenan como quinientos millones de cascabeles…

Pero sucede algo extraordinario. Al bozal que dibujé para el principito se me olvidó añadirle la correa de cuero; no habrá podido atárselo al cordero. Entonces me pregunto:

"¿Qué habrá sucedido en su planeta? Quizás el cordero se ha comido la flor…"

A veces me digo: "¡Seguro que no! El principito cubre la flor con su fanal todas las noches y vigila a su cordero". Entonces me siento dichoso y todas las estrellas ríen dulcemente.

27

그로부터 벌써 여섯 해가 지났다. 나는 이 이야기를 누구에게도 해 본 적이 없다. 나를 다시 보게 된 동료들은 내가 살아 온 것을 보고 기뻐했다. 나는 슬펐다. 그러나 나는 그들에게 "피곤해서 그래"라고 말했다.

시간이 흐름에 따라 나는 슬픔이 조금 가라앉았다. 그렇다고 완전하게 된 것은 아니다. 그러나 어린 왕자가 자기의 별에 돌아간 것을 알고 있다. 그래서 날이 밝았을 때 나는 그의 몸을 찾지 못했다. 그의 몸은 그렇게 무겁지는 않았다. 그래서 나는 밤이면 별들의 소리를 듣는 것을 좋아한다. 그것은 오억 개의 방울처럼 소리를 낸다.

그러나 뜻밖의 일이 있다. 어린 왕자를 위하여 그려 준 입마개에 가죽끈을 달아 주는 것을 잊어 버렸던 것이다. 어린 왕자는 입마개를 양에게 씌울 수 없을 것이다. 그래서 나 자신에게 묻는다.

'어린 왕자의 별에 무슨 일이 일어나지나 않았을까? 혹시 그 양이 그 꽃을 먹어 버리지나 않았을까?'

때때로 이렇게 생각한다. '그럴 리가 없어! 어린 왕자는 매일 밤 그 꽃에 유리 덮개를 씌우고 양을 잘 지켜 볼 테니까.' 이런 생각을 하면 행복해지고 모든 별들이 다정하게 웃는다.

- **alegrarse de** …을 기뻐하다
- **cansancio** 피곤, 피로
- **olvidarse** 잊다
- **correa** 끈, 벨트
- **cuero** 가죽

Pero otras veces pienso: "Alguna que otra vez se distrae uno y eso basta. Si una noche ha olvidado poner el fanal o el cordero ha salido sin hacer ruido, durante la noche···". Y entonces los cascabeles se convierten en lágrimas···

Es un gran misterio. Para vosotros, que también queréis al principito, como para mí, nada en el universo sigue siendo igual si en alguna parte, no se sabe dónde, un cordero que no conocemos ha comido, si o no, una rosa···

Pero mirad al cielo y preguntad: el cordero ¿se ha comido la flor? Y veréis cómo todo cambia···

¡Ninguna persona mayor comprenderá jamás que esto sea verdaderamente importante!

그러나 때로는 이런 생각을 한다. '사람들은 어쩌다가 방심할 때가 있지. 그러면 끝장이지! 혹시 어느 날 저녁 어린 왕자가 유리 덮개를 씌우는 것을 잊어버렸거나, 그 날 밤 양이 소리 없이 빠져나갔다면…' 이렇게 생각하면 방울들이 모두 눈물로 변해 버린다.

그런데 이것은 정말 크나큰 수수께끼이다. 어린 왕자를 사랑하고 있는 여러분들과 나에게는 우리가 보지도 못한 어떤 양이 우리가 모르는 어느 곳에 피어 있는 장미 한 송이를 먹었느냐 아니냐에 따라서 세상에 있는 모든 것이 달라질 수가 있는 것이다.

하늘을 바라보라. 그리고 자신에게 물어 보라. 양이 꽃을 먹었을까? 안 먹었을까? 그러면 이 세상 모든 것이 얼마나 바뀌는가를 알게 될 것이다.

그러나 어른들은 이것이 그토록 중요하다는 것을 결코 이해하지 못할 것이다!

- **distraerse** 방심하다
- **convertirse en** …로 변하다

214 El Principito

Éste es para mí el paisaje más hermoso y el más triste del mundo. Es el mismo paisaje de la página anterior que he dibujado una vez más para que lo vean bien. Fue aquí donde el principito apareció sobre la Tierra, desapareciendo luego.

Examínenlo atentamente para que sepan reconocerlo, si algún día, viajando por África cruzan el desierto. Si por casualidad pasan por allí, no se apresuren, se los ruego, y deténganse un poco, precisamente bajo la estrella. Si un niño llega hasta ustedes, si este niño ríe y tiene cabellos de oro y nunca responde a sus preguntas, adivinarán en seguida quién es. ¡Sean amables con él! Y comuníquenme rápidamente que ha regresado. ¡No me dejen tan triste!

이것은 나에게 이 세상에서 가장 아름답고 그리고 가장 슬픈 풍경입니다. 앞 페이지의 것과 같은 풍경이지만 여러분에게 잘 보여 드리기 위해 다시 한 번 그린 것입니다. 이 곳이 어린 왕자가 지구에 나타났다가 다시 사라진 곳입니다.

여러분이 언제라도 아프리카를 여행하면서 사막을 지나치게 되면, 이와 똑같은 풍경을 알아볼 수 있기 위하여 이 그림을 자세히 보시기 바랍니다. 그리고 만약 우연히 그 곳을 지나가게 되면, 서둘러 지나치지 말고, 별 아래에서 잠시 기다려 보시기 바랍니다. 만일 어린 아이가 여러분에게 다가와서 웃으면, 그리고 금발의 어린아이가 묻는 말에 대답을 하지 않으면, 여러분은 그가 누구인지 알 수 있을 것입니다. 그 아이에게 친절하게 대해 주십시오. 그리고 저에게 바로 그 소년이 돌아왔다고 전해주십시오. 저를 이렇게 슬프게 내버려 두지 마세요!

- **paisaje** 풍경
- **desaparecer** 사라지다
- **atentamente** 주의 깊게
- **por casualidad** 우연히
- **adivinar** 짐작하다

편역자

유연창 (한국외국어대학교)
E-mail: xavi@hufs.ac.kr

저서

『토탈 스페인어문법』
『스페인어 기초다지기』
『무지무지 쉬운 기초스페인어 회화』
『즐거래! 여행스페인어』
『초급스페인어』
『스페인어 DELE A1』
『스페인어 동사시제』
『스페인어 필수동사』
『스페인어 필수어휘』
『스페인어 문장이야기』
『스페인어 접속법』
『스페인어 첫걸음』
『FLEX 스페인어 II』
『유머로 배우는 스페인어』(서한대역)
『사기결혼』(세르반테스)

어린왕자 (서한대역 시리즈 3)

2010년 4월 30일 개정판 1쇄 발행
2019년 8월 10일 개정판 4쇄 발행

편저자 유연창
펴낸이 정정례
펴낸곳 삼영서관
디자인 디자인클립

주소 서울 동대문구 한천로229, 3F
전화 02) 2242-3668 팩스 02) 6499-3658
홈페이지 www.sysk.kr
이메일 syskbooks@naver.com
등록일 1978년 9월 18일
등록번호 제1-261호

ISBN 978-89-7318-334-0 03770

책값 10,000원

※ 파본은 교환하여 드립니다.